集說詮眞
㈡

集說詮眞

第三冊

蠶女　靑衣神

（引）神女傳（見龍威秘書）載蠶女者。當高辛帝時。蜀地未立君長。無所統攝。其父爲隣所掠去。已逾年。唯所乘之馬猶在。女念父隔絕。或廢飲食。其母慰撫之。因誓於衆曰。有得父還者。以此女嫁之。部下之人。唯聞其誓。無能致父歸者。馬聞其言。驚躍振迅。絕其拘絆而去。數日。父乃乘馬歸。自此馬嘶鳴不肯飲齕。父問其故。母以誓衆之言白之。父曰。誓於人。而不誓於馬。安有人而偶非類乎。但厚其芻食。馬不肯食。每見女出入。輒怒目奮擊。如是不一。父怒。射殺之。曝其皮於庭。女行過其側。馬皮蹶然而起。卷女飛去。旬日得皮於桑樹之下。女化為蠶。食桑葉吐絲。成繭以衣。被於人間。父母悔恨。念之不已。忽見蠶女乘流雲駕此馬。侍衛數十人。自天而下。謂父母曰。太上以我孝能致身。心不忘義。授以九宮仙嬪之任。長生於天矣。無復憶念也。乃冲虛而去。今家在什邡綿竹德陽三縣界。俱屬四川每歲祈蠶者。四方雲集。皆獲靈應。宮觀諸處。塑女子之像。披馬皮。謂之馬頭娘。以祈蠶桑焉。

宋史孔維傳載孔維字爲則河南開封府杞縣人宋太宗雍熙三年特擢爲國子司業。上疏曰月令仲春祭馬祖季春享先蠶皆爲天駟房星也爲馬祈福謂之馬祖爲蠶祈福謂之先蠶是蠶與馬同其類爾。

宋史禮志曰案開寶通禮季春吉巳享先蠶於公桑設先蠶氏神坐於壇上北方南向又案唐會要皇帝遣有司享先蠶如先農可也禮院又言周禮蠶於北郊以純陰也漢蠶於東郊以春桑生也唐月令注以先蠶爲天駟案先蠶之義當是始蠶之人與先農先

牧先炊一也。郊祀錄載先蠶祀文。有肇興蠶織之語。則先蠶非天駟星明矣。

重增搜神記載青衣神。即蠶叢氏也。按傳蠶叢氏初爲蜀侯。後稱蜀王。嘗服青衣。巡行郊野。教民蠶事。鄉人感其德。因爲立祠祀之。罔不靈驗。俗皆呼之曰。青衣神。

辨 按蠶女來歷。見上百七十五張 如此誕妄。不值置辨。世之塑其像而祈蠶桑者。使一聞其來歷。當亦赧然自笑其無謂矣。

按先蠶係天駟星。祀以祈蠶。見上百七十六張噫。謬矣。夫星也。能賜蠶歲大有乎。

按先蠶卽係始蠶之人。其卽青衣蜀王乎。見上百七十六張則先蠶者。乃肇興蠶織之古人。於今之蠶桑。無能爲力也。雖曰始敎有功。隆稱之可也。祭之則不可。祈之更無益。特不解世人敬先蠶而不敬造蠶造桑造先蠶之上主耳。

坑三姑娘

〔引〕封神演義載坑三姑娘者係三仙島之仙姑。雲霄瓊霄碧霄三姊妹也。雲霄有胞兄趙公明。在嵋山羅浮洞學道。當周武王征伐商。公明出洞來岐。助商拒周。隨被周將以符咒法箭射死。雲霄等一得兄耗。齊來助商。欲報兄讐。初以混元金斗及金蛟剪。屢戰取勝。後元始天尊（見前五十七張）暨老子（見前二十九張）臨陣將斗剪奪去。老子乃喚黃巾力士將雲霄壓死。元始天尊命白鶴童子。以三寶玉如意將瓊霄打殺。元始隨袖出一盒。將碧霄裝在盒內。碧霄遽化為血水。迨周武克商。後。姜子牙（見後二百六十張）敕封雲霄瓊霄碧霄三姑。為坑三姑娘之神。執掌混元金斗。專擅先後之天。凡一應仙凡人聖。諸侯天子。貴賤賢愚。落地。先從金斗轉劫。不得越此。

（辨）按坑三姑娘。係雲霄瓊霄碧霄三仙姑。助商拒周。被老子及元始天尊殺死於陣。後受姜子牙敕封為坑三姑娘。據此。坑三姑娘來歷。乃不經中之尤者。世人不察。信奉為仙。使一聞其來歷。當亦啞然失笑矣。

紫姑神　三姑

【引】神女傳　重增搜神記　合載。紫姑萊陽人。（萊陽縣屬山東登州府）姓何名媚字麗卿。自幼讀書伶俐。於唐武后垂拱中。壽陽（縣屬山西平定州）刺史李景納爲妾。其妻妬之。正月十五日。陰殺之於廁中。天帝憫之。命爲廁神。故世人作其形。夜於廁閒或猪欄邊迎祀。俗呼爲三姑。祭之曰。子胥（壻名也）不在。曹夫（大婦也）亦去。小姑可出。捉者覺動。是神來矣。以占衆事。

【辨】按紫姑身爲媵妾。被大婦陰殺於廁中。遂爲廁神。噫。紫姑之為人。亦苦矣哉。生而為妾。殺於厠中。設果為神。則亦不過司厠中事。此外莫得預也。乃今俗每屆上元節。居民婦女。祀請厠神。其法概於前一日。用糞箕一個。飾以釵環。簪以花朶。另用銀釵一支。插箕口。供於厠坑之側。祀時。擇十歲以上幼女。各以手扶之。另設供案。點燭焚香。小兒輩行禮。案上攤糝白米。扶箕幼女。將箕口緊對案米。銀釵卽在米上亂畫。似筆硯剪刀花朶等樣。禱者問若干分年歲。則箕口點若干點以示之。扶箕女謂亂畫時。微持糞箕加重。且轉動亦不能自由云。據此。厠神之應響。類如兒戲。且由坑厠請來。鄙褻之至。所稱箕之轉動。不由扶者主之。其然。豈其然乎。

按西陽雜俎厠鬼名頊天竺。又續文獻通考厠鬼姓郭名登。據此。司厠者。三姑外。又有頊天竺與郭登。但今俗祇知有三姑豈以天竺與郭登止爲厠鬼耶。然而厠神厠鬼。亦同一無稽耳。

張天師

（引）重增搜神記（載天師者。漢張道陵也。子房八世孫。

按（史記留侯世家）（廣輿記）子房名良。河南開封府禹州人。其先五世相韓。秦滅韓。良卽棄家求刺客。爲韓報仇。不果。乃佐漢高帝滅秦。定天下。封留侯。尋棄人間事。欲從赤松子遊。乃學辟穀導引輕身。呂后德留侯。乃彊食之。不得已。彊聽而食。後八年卒。謚文成侯。墓在江蘇徐州府沛縣。○按（神仙傳）赤松子。神農時爲雨師。教神農入火。至崑崙山上。隨風雨上下。炎帝少女追之。俱仙去。及高辛時。復爲雨師。○按（綱目集覽）辟穀導引輕身。辟。除也。辟穀。謂服藥而不食。導氣。令其和。引體。令其柔。俾得輕舉也。

光武帝建武中閒。生於天目山。按（綱鑑易知錄註）天目山。在浙江杭州府臨安縣。學長生法術。隱北邙山。在河南河南府城北。章帝出和帝。出累召不起。久之。徧遊名山。東抵興安縣屬江西廣信府雲錦溪。升高而望曰。是有異境。緣衍流而之雲錦洞。仙巖焉。煉丹其中。三年。青龍白虎旋繞於上。丹成餌之。時年六十。容貌益少。又得祕書。通神變化。驅除妖鬼。後於蜀之雲臺峯在四川保寧府蒼溪縣升天。所遺經籙符章并印劍。以授子孫。其四代曰盛。復居此山。按讀書紀數畧道陵之子名衡。孫名魯。曾孫名盛。始居龍虎山。歷代重之。其子孫世襲眞人。居江西廣信府貴溪縣之龍虎山。

神仙傳載張道陵者。沛國人也。按地理韻編沛國在安徽鳳陽府宿州西北本太學書生。博通五經。晚乃歎曰。此無益於年命。遂學長生之道。得黃帝九鼎丹法。欲合之丹藥。皆糜費錢帛。陵家素貧。欲治生營田牧畜。非己所長。乃不就。聞蜀人多純厚。易可教化。且多名山。乃與弟子入蜀。往鶴鳴山（在四川邛州大邑縣）著作道書二十四篇。乃精思鍊志。忽有天人下。千乘萬騎。金車羽蓋。驂龍駕虎。不可勝數。或稱柱下史（即李老子）或稱東海小童。乃授陵以新出正一明威之道。陵受之。能治病。於是百姓翕然奉事之以為師。弟子戶至數萬。即立祭酒。（執事名目）分領其戶。有如官長。并立條制。使諸弟子輪出米絹器物紙筆樵薪什物等。領人修復橋道。不修復者。皆使疾病。於是百姓斬草除溷。無所不爲。皆出其意。而愚者不知是陵所造。將爲此文從天上下也。陵又欲以廉恥治人。不喜施刑罰。乃立條制。使有疾病者。皆疏記生身以來所犯之辜。乃手書投於水中。與神明共盟。約不得復犯法。當以身死爲約。於是百姓記念邂逅疾病。輒當首過。一則得愈。二使羞慙。不敢重犯。且畏天地而改。從此之後。所違犯者。皆改爲善矣。陵乃得財物。以市其藥合丹。丹成。服半劑。不願即昇天也。乃能分形作數人。其所居門前水池。陵常乘舟戲其中。而諸道士客賓。往來盈庭。蓋座上常有一陵與賓客對談共食飲。而眞陵故在池中也。陵語諸人曰。爾輩多俗態未除。不能棄世。正可得吾行氣導引房中之事。或可得服食草木數百歲之方耳。其有九鼎大要。唯付王長。（陵之徒也。）而後合有一人。從東方來。當得之。此人必以正月七日中到。且說長短形狀。至時果有趙昇者。從東方來。見其形貌。一如陵所說。陵將諸弟子登雲臺極巖之上。（雲臺山在四川保寧府蒼溪縣）下有一桃樹。如人臂。傍生石壁。下臨不測之淵。桃大有實。陵謂諸弟子曰。有人得此桃實。當告以道要。於時伏而窺之者三百餘人。俱謝不能得。唯昇從上自擲投樹上。足不蹉跌。取桃實滿懷。而石壁險峻。無所攀緣。不能得返。於是乃以桃一一擲上。正得三百二顆。陵得而分賜諸弟子各一。陵自食留一以待昇。陵乃以手引昇。衆視之。見陵臂加長二三丈。引昇。昇忽然來還。乃以向所留桃與之。昇食桃畢。陵乃臨谷上。戲笑而言曰。趙昇心自正。能投樹上。足不蹉跌。吾今欲自試投下。當應得大桃也。陵遂投空下落桃上。昇長二人。亦俱投身而下。正墮陵前。陵授二人道畢。三日乃還。歸治舊舍。後陵與昇長三人。皆白日昇天而去。衆弟子仰視之久。而乃沒於雲霄也。

尚友錄載張道陵字輔漢。子房八世孫。漢光武帝建武十年。卅生於天目山。（見上百八十二張）七歲通道德經。地理河洛圖緯之書。皆極其奧。退隱北邙山。（在河南河南府城北）有白虎銜符文置座旁。章帝卅召不起。和帝卅徵爲太傅。封冀縣侯。三詔不就。入蜀。隱於鶴鳴山。在四川邛州大邑縣。弟子有王長者。習天文。通黃老。按前漢書註。黃老。黃帝老子之道。○按抱朴子眞源。黃帝詣青邱。紫府先生。授三皇籙。及天文大字。禮廣成子。得九鼎飛靈神丹訣。禮雲臺先生。按龍蹻經。役使龍虎。按荊山經。龍首記。黃帝鑄鼎。服丹已。羣龍下來迎之去。相與煉龍虎大丹。三年。有青龍白虎護丹鼎。丹成。眞人道陵餌之。返老成少。一日與王長入北嵩山。在河南河南府登封縣北十里。其山有三尖峯。東曰太室。西曰少室。嵩其總名。謂之室者。以其下各有石室。遇繡衣使者告之曰。中峯石室。藏上三皇內史。黃帝九鼎太清丹經。得而修之。乃昇天。於是道陵齋戒入石室。果得丹書。精思修煉。得分形散影之妙。忽聞天樂隱隱。太上老君（老子）降於鶴鳴山。謂眞人（道陵）曰。近蜀中有六大鬼神。枉暴生民。子往治之。則子功無量。而名錄丹臺矣。乃授以正一明威祕籙。三清衆經符籙。丹竈祕訣。雌雄劍二。都功印一。冠衣方裙朱履各一副。且曰與子千日爲期。後會閬苑。眞人（道陵）領訖。日味祕文。能集三萬六千神。遂往青城山（在四川成都府灌縣）收八部鬼帥。殲六大魔王。至蒼溪縣（屬四川保寧府）雲臺山。遂與王長卜居於此。老君命使者告曰。予殺鬼過多。上帝責子之過。子再更修三千六百日。吾待子於上清八景宮中。眞人(道陵)乃與弟子王長趙昇復往鶴鳴山(在四川卭州大邑縣)重修二十餘年。一日午時。忽見一朱衣捧玉函進曰。奉上清眞符。召眞人遊閬苑。遂引登車至闕。闕榜云。擬太玄都正一眞人闕。眞人(道陵)旣至。羣仙禮謁。良久敕還人間。勸度未悟。眞人遂還陽平山。以飛昇輕舉之法。諸品祕籙斬邪二劍。玉冊玉印。授其長子衡。戒之曰。領此文。驅邪誅妖。佐國安民。世世一子。紹吾之位。非吾家子孫不傳。漢桓帝永壽二年陛正月七日亭午。眞人與夫人雍氏并王長趙昇於雲臺山見上百八十二張白日昇天年一百二十三歲今其子孫世襲眞人居於江西廣信府貴溪縣之龍虎山。

綱目質實載張道陵漢留侯良八世孫生於天目山。見上百八十二張學長生之術退隱於廣信府屬江西龍虎山章帝和帝累召不起久之遍遊名山東抵興安府屬江西雲錦溪升高而望曰是有異境遂泝流而之雲錦洞有僊巖焉煉丹其中三年青龍白虎旋遶其上。丹成餌之。時年六十。容貌益少。又得祕書。通神變化。驅除妖鬼。既而入蜀。居鶴鳴山。（在四川邛州大邑縣）煉丹修道。感老君授以祕籙。遂領弟子趙昇王長來雲臺。（雲臺山在四川保寧府蒼溪縣）復煉大丹。服之。漢桓帝永壽二年。陵自以功成道著。乃於半崖舉身躍入石壁中。自崖頂而出。因成二洞。崖半曰峻僊洞。崖上曰平僊洞。是年九月九日。將諸品祕籙。斬邪二劍。玉冊玉印。授其長子衡。乃與夫人雍氏。登雲臺峯白日升天。時年一百二十三歲。其四代曰盛。復居此山。歷代重之。今其子孫世襲眞人。

三國典畧曰。東漢靈帝熹平[illegible]中。妖賊大起。三輔（按）

四

書字記一統志表三輔卽京兆右扶風左馮翊。今陝西西安府境　有駱曜。靈帝光和[illegible]中。東方有張角。漢中陝西漢中府　有張修。按裴松之註。張修應是張衡道陵之子。非典畧之失。則傳寫之誤。　駱曜教民緬匿法。張角爲太平道。張修爲五斗米道。太平道者。師持九節杖爲符祝。教病人叩頭思過。因以符水飲之。得病或日淺而愈者。則云此人信道。其或不愈。則爲不信道。張修法畧與角同。加施靜室。使病者處其中思過。又使人爲姦令祭酒。執事名目　祭酒主以老子五千文使都習。號爲姦令。爲鬼吏。主爲病者請禱。請禱之法。書病人姓名說服罪之意。作三通。其一上之天。著山上。其一埋之地。其一沉之水。謂之三官手書。使病者出米五斗以爲常。故號曰五斗米師。實無益於治病。但爲淫妄。然小人昏愚。競共事之。後角被誅。修亦亡。及魯（張衡之子。）在漢中。因其民信行脩業。遂增飾之。敎使作義舍。以米肉置其中。以止行人。又敎使自隱。有小過者。當治道百步。則罪除。又依月令春夏禁殺。又禁酒。流移寄任其地者。不敢不奉。

三國志魏書張魯傳

張魯字公祺。沛國豐人也。（江蘇徐州）

沛豐縣祖父陵。客蜀。學道鶴鳴山中。十六張造作道書。以惑百姓。從受道者。出五斗米。故世號米賊。陵死。子衡行其道。衡死。魯衡之子。復行之。益州四川成都府牧劉焉。以魯為督義司馬。焉死。子璋代立。以魯不順。盡殺魯母家室。按後漢書劉焉傳。張魯以劉璋闇懦。不復順承。璋怒。殺魯母及弟。魯遂據漢中。陝西漢中府以鬼道教民。自號師君。其來學道者。初皆名鬼卒。受本道已信。號祭酒。執事名目各領部眾。多者為治頭大祭酒。皆教以誠信。不敢欺詐。有病自首其過。大都與黃巾相似。諸祭酒皆作義舍。如今之停傳。

又置義米肉。懸於義舍。行路者量腹取足。若過多。鬼神輒病之。犯法三原。然後乃行刑。不置長吏。皆以祭酒爲治。民夷便樂之。雄據巴(四川重慶府巴縣)漢(陝西漢中府)垂三十年。漢末力不能征。遂就寵魯爲鎮民中郎將。領漢寧(湖南郴州興寧縣)太守。通貢獻而已。漢獻帝建安二十年。怍魏太祖(曹操)自將征之。魯敗奔蜀。後太祖(曹操)拜魯爲鎮南將軍。待以客禮。

通鑑綱目載。元魏太宗明元帝泰常八年(甲子)十一月殂。世祖太武帝(即拓跋燾)即位。立天師道場。魏之光祿大夫崔浩按魏書崔浩傳。崔浩字伯淵。清和人。魏太宗明元帝好陰陽術數。命浩筮吉凶。參觀天文考定疑惑。世祖太武帝即位。左右多毀浩。魏主命浩歸第。後於太武帝太平眞君十一年夏六月誅浩。并夷其族。當浩幽執。置之檻內。送於城南。使衞士數十人溲其上。呼聲嗷嗷。聞於行路。自宰司之被辱。未有如浩者。○清和即山東臨淸州武成縣。研精經術。不好老子（老）莊子（莊）書。曰此矯誣之說。不近人情。尤不信佛法。曰何爲事此胡神。常自謂才比張良。見上百八十二張而稽古過之。既歸第。修服食養性之術。初嵩山在河南河南府登封縣北道士寇謙之。按明一統志魏書。謙之字輔眞。昌平人。少遇仙人成功興。與之遊。食仙藥。遂隱於嵩陽。元魏主召至闕。一日謂弟子曰。昨夢功興召我。遂羽化。有青氣如烟。從口中出。天半乃消。其體漸縮。識者謂尸解。○昌平州今屬直隸順天府修張道陵之術。自言嘗遇老子降命。繼道陵爲天師。授以辟穀輕身之術。辟。除也。辟穀。謂服藥而不食。以得輕舉也。使之清整道教。又遇神人李譜文云。老子之玄孫也。授以圖籙眞經。道家仙籍之書。使之輔佐北方太平眞君。出天官靜輪之法。謙之奉其書。獻於魏主。朝野多未之信。浩獨師受其術。且上書於魏帝。帝欣然使謁者。奉玉帛牲牢。祭嵩嶽。迎致謙之弟子。以崇奉天師。顯揚新法。起天師道場於平城東南。按綱鑑易知錄註。平城今山西大同府大同縣。重壇五層。月設廚會數千人。司馬公曰。老子莊子欲同生死。輕去就。而爲神僊者。服餌修鍊。以求輕舉。鍊草石爲金銀。其爲術正相戾矣。其後復有符水禁咒之術。至謙之遂合而爲一。至今循之。其訛甚矣。浩不喜佛老。而信謙之之言。何哉。

綱目集覽曰。道書著張陵字輔漢。漢光武帝建武十年。卅生於天目山。見上百八十二張 得道。善以符治病。桓帝永壽元年。卅於靈峯白日上昇。而邵伯溫聞見錄著漢順帝卅時。陵客蜀。學道鶴鳴山。見上百八十三張 中。造作符書惑百姓。受其道者。輒出米五斗。時號爲米賊。陵子衡。衡子魯。以其法相傳授。自號師君。其衆曰鬼卒。曰祭酒。曰理頭。大抵與黃巾相類。朝廷不能討。就拜魯漢寧（湖南郴州興寧縣）太守。鎮夷中郎。觀此。則張陵非異人也。今道家祖陵為天師。按陵封天師。始自唐天寶（玄宗）七載（戊子）而北魏史崔浩傳已言寇謙之繼陵為天師。初只泛號。至唐始定封耶。

通鑑綱目載宋眞宗大中祥符九年。帷賜信州（江西廣信府）道士張正隨（按讀書紀數畧正隨係道陵之裔孫。）號眞靜先生。初漢張魯子自漢川（陝西漢中府）徙居信州龍虎山。世以鬼道惑眾。正隨其後也。至是召赴闕賜號。王欽若見前七十五張爲奏。立授籙院。及上清觀。蠲其田租。自是凡嗣世者皆賜號。

明史載祖師三天扶教輔元大法師眞君者。傳記云。漢張道陵善以符治病。唐玄宗天寶敕宋神宗熙寧敕徽宗大觀敕間。累號正一靖應眞君。子孫亦有封號。國朝明朝仍襲正一嗣教眞人之封。然宋邵伯溫公云。張魯祖陵父衡。以符法相授受。自號師君。今歲以正月十五日爲陵生日。遣官詣顯靈宮祭告。亦非祀典。

事物原會載綱目云。元魏太宗明元帝泰常八年。冊立天師道場。初嵩山道士寇謙之。修張道陵之術。自言常遇老子降。又遇神人李譜文云。老子之元孫也。授以圖籙眞經。使之輔佐北方太平眞君云云。魏主欣然起天師道場於平城見上百九十張東南。至信州龍虎山張氏世襲封號。則又自宋始也。明太祖以張正常爲眞人。去其舊稱天師之號。謂羣臣曰。至尊惟天。豈有師也。按元時所封。本號眞人。而明太祖謂應改其天師之號。蓋其時朝廷雖封曰眞人。而世尙稱爲天師。則天師之稱。由來久矣。莊子徐無鬼篇云。黃帝再拜稽首。稱天師而退。是古來本有天師之名。非稱張眞人也。

辨按張道陵學長生法術。煉藥合丹。蓋假託其上祖子房欲從赤松子遊。得辟穀輕身術之說。見上百八十二張以行其詭詐也。但子房欲辟穀。從赤松子。祇有其言。並無其事。蓋子房欲謝絕人間事。遺世獨立。而自甘不食。迨呂后強之食。子房食焉。後八年而卒。葬於沛縣。見上百八十二張通鑑綱目載漢高帝五年。〇張良謝病辟穀。良素多病。入關即杜門導引不食穀。願棄人間事。欲從赤松子遊。司馬公曰。夫生之有死。譬猶夜旦之必然。自古及今。固未嘗有超然而獨存者也。以子房之明辨達理。足以知神僊之為虛偽矣。然則欲從赤松子遊者。其智可知也。夫功名之際。人臣之所難處。淮陰誅夷。蕭何繫獄。淮陰侯卽韓信。蕭何俱是漢之功臣非以履盛滿而不止耶。故子房託於神僊。遺棄外物。所謂明哲保身者歟。通鑑綱目又載漢孝惠帝六年。[illegible]留侯張良卒。綱目發明曰。神僊詭誕之說。先儒論之詳矣。有如張良欲從赤松子遊。司馬氏亦旣及之矣。綱目前書張良謝病辟穀。疑若眞有導引長生之事。至是書留侯卒。則知子房託神僊之意。昭然可見。而詭誕之說不攻自破。凡此類比而觀之。則得其旨。審是辟穀遁世。乃子房之託言。而道陵創借此增飾以行詭計。世之信之者。得毋愚甚。

按道陵家本素貧。而營田牧畜。又非所長。因聞蜀人純厚。遂往蜀。以符術治病。勸修道路。戒人改過。蜀人信而師事之。供以米絹樵薪器物。陵又矯作道書。以惑百姓。從受道者。納米五斗。故世號米賊。（見上百八十三及百八十九張）則是陵之往蜀。但為謀生計耳。不通脈理。不達藥性。祇挾符術以欺人。蜀人純厚易於受愚。故陵得施其術。斥為米賊。不亦宜乎。若夫勸修道路。戒人改過。皆係沽名釣譽。收服人心之狡計。豈眞有樂善教化之心哉。至所稱遇見天人老君。東海小童。得受太清丹經。符咒祕籙。能分形散影。驅除妖魔。其徒趙昇。投谷採桃。不得復上。陵以手引之。臂長二三丈。陵躍入壁中。自崖頂而出。因成二洞。後與其妻雍氏並徒趙昇王長等。白日昇天。見上百八十二至百八十七張種種誕妄。決係道陵及伊子孫所捏造。以惑庸愚。而賺米絹。明理者自知之。無庸贅辨矣。

按道陵之子衡。繼父術。在漢中以三官手書治病。使病者出米五斗。實無益於治病。但為淫妄。然小民昏愚。競共事之。見上百八十八張審是。則張衡亦猶其父陵。初無技能。無以謀生。故繼其詭詐。賺米穀以餬口。彼三官書。謂能治病。人孰信之。

按道陵之孫魯。初爲劉焉司馬。繼以劉璋誅其母與弟。遂據漢中。與黃巾相似。朝廷不能討。因封之魯以鬼道教民。自號師君。有過者治道百步。則罪除。見上百八十八張 審是。張魯係漢末流寇。其據有漢中。則已突過其祖若父。僅恃五斗以給饔飧。但魯果有家傳長生術。乃忍視母若弟。慘遭劉璋之毒手乎。見上百八十九張 魯爲黃巾悖逆。强據疆土。罪不容誅。

葢侍修路百步。可除其罪。噫。使修路而可除罪。作罪之門大開矣。張魯眞不勝誅哉。

按魏崔浩信道士寇謙之繼道陵爲天師。乃上書魏太武帝。而神其事。帝遂立天師道場。見上白九十張綱目發明曰。晉孝武帝立精舍。按通鑑綱目晉孝武帝太元六年。帝立佛精舍於內殿。引諸沙門居之。左丞王雅諫。不從。拓跋燾即魏太武帝立道場。見上百九十張孝武帝不免張貴人之禍。按通鑑綱目晉孝武帝太元二十年。[illegible]貴人張氏弒帝於淸暑殿。而燾亦殞於宗愛之手。按通鑑綱目魏文成帝興安元年。[illegible]魏中常侍宗愛弒其君燾。報應之說。何其爽與。直筆書之。義自見矣。明儒邱濬曰。道家之法始盛於此。嗚呼。道家者流其原出於老子。漢初其法有三十七家。大旨去健羨處冲虛而已。無上天官符籙等事東漢之末。張道陵始創其法。然惟私相授受於民間。未盡傳布天下也。至是嵩山寇謙之（見上百九十張）修張魯之法。自言嘗遇老子降命繼道陵為天師。賜以雲中音誦科誡之書。此後世齋醮科儀所由起也。授以玉女服氣導引之法。此後世辟穀修養所由起也。又言老子玄孫李譜文授以圖籙眞經劾召百神。此後世符籙攝召之術所由起也。銷鍊金丹雲英八石玉漿。此後世烹鍊丹藥之技所由起也。謙之自言親得老子手筆。付以奉持輔佐北方太平眞君。出天宮靜輪之法。謙之獻其書於魏。人多不信。崔浩獨上書神其事。魏主遣使迎其弟子於嵩嶽。起壇宇於代都而崇奉顯揚之。親備法駕而受符籙焉。自是以來有陶弘景 按萬姓統譜。弘景字通明。秣陵人。自號華陽隱士。梁武帝微時與之遊。即位。徵之不出。有大事無不咨詢。時人謂之山中宰相。○秣陵今江蘇江寧府上元縣。 趙歸眞 按續文獻通考。唐武宗好神仙。歸眞得幸。為道門教授。

杜光庭 按（明一統志）光庭縉雲人。唐懿宗咸通中。進取不利。入天台山學道。應制為道門領袖。後隱於青城山。蜀主建賜號為廣成先生。按（通鑑綱目）後梁主瑱乾化三年。前蜀主以光庭為諫議大夫。（）縉雲縣今屬浙江處州府。天台山在浙江台州府天台縣。青城山在四川成都府灌縣。

之徒。又從而推演張大之。而其教遂大行於世。與儒釋並立而為三。其尤悖者。謂道士為天師。後世因之。遂以稱漢張道陵。嗚呼。莫大於天。莫尊於君。萬乘帝王。僅得以為天之子。而一介方士。乃得以為天之師。彼道陵謙之之徒。其生也。皆受胎於父母。稟氣於天地。其血肉之軀。有妻子之屬。縱有道德。亦天生者耳。安能爲天之師哉。天而有師。則是昊天上帝。反北面而受其教也。豈有此理哉。然自是以後。嗣道陵之世者。世皆以天師稱之。至國朝（明朝）始革其僭妄之號。而卽其所謂眞人者稱之。嗚呼。自夫太武（元魏太武帝）信崔浩之言。而崇奉謙之（見上百九十張）其法。遂蔓延於天下矣。厥後二人皆不得其死。豈矯誣上天。天亦惡之歟。

按道陵遇老君。得受符籙祕訣。後將其祕術授長子衡曰。非吾家子孫不傳。（見上百八十六張）而寇謙之又自言遇老子降命。繼道陵爲天師。(見上百九十張)審是。張道陵雖欲以天師法術。私爲家傳。然老子已棄張氏。更立寇氏矣。寇氏子孫。未聞嗣爲天師。則天師之家。已絕其傳矣。道陵子孫。烏得世爲天師哉。不經之說。不堪推問。

按宋眞宗封道陵之後正隨。號眞靜先生。蠲其田租。凡嗣世者皆封號。(見上百九十一張)而綱目發明論之曰。尊賢育才。以彰有德。此治國之善政也。正隨以鬼道惑衆。誣隆朝之所惡者。眞宗召之赴闕。賜之以號。而王欽若之徒又爲奏立宮觀。蠲其田租。見上百七十八張然則君臣之間蒙蔽甚矣。綱目大書於冊。深譏之也。廣義又曰。考之張正隨者。非有呼風致雨之術。其法不過聾瞽愚民之耳目。彼卓然有見者。何嘗被其惑邪。且異端虛無寂滅之教。固無繫於國家之安危。君命之修短。況乎天師之說。朱子之綱目。譏之當矣。尹氏之發明。攻之切矣。臣故不暇論矣。然而歷觀國君崇奉之者。不在乎願治之君。惟在庸君暗主。怕死求生。所以既奉其教於暗室屋漏之中。復加其號於靑天白日之下。其意蓋欲非長生不死。卽身蛻飛騰耳。噫君之徼福者。莫甚於眞宗。而貽禍於後世子孫者。亦莫甚於眞宗。而彼虛無之敎。卒莫之救也。悲乎。綱目書此。所以記眞宗貽禍之實也。後世之人。欲崇奉虛無者。盍以眞宗爲鑒焉。

按天師來歷旣如是。其誕妄傳述又如是。其不經。而先儒闢之更如是。其痛切。彼本無呼風致雨之術。其法不過聾瞽愚民之耳目。世之信天師者。盍

披閱史冊諸書所載耶

仙人

引 老而不死曰仙。仙。遷也。遷入山也。見釋名

成仙者假形示死。非眞死。所謂尸解也。人老而解去故骨變化也。有死而形如生人者。有死而足不青皮不皺目光不落。無異生人者。有死而更生者。有未歛而失其尸者。有髮脫而形飛者。皆尸解也。白日解者爲上。夜半解者爲下。向曉向暮去者。爲地下主。此得道之差降也。見集仙錄

東王公爲男仙之主。西王母爲女仙之宗。按續文獻通考東王

公名倪。字君明。西王母姓楊名回。又姓何名婉妗。按西陽雜俎（西王母姓楊名回。治崑崙西北隅。以丁丑日死。一日婉妗。）此二元尊。乃陰陽之父母。天地之本源。化生萬靈。育養羣品。長生飛化之士。昇天之初。先覲西王母。後謁東王公。然後昇三清朝太上也。見仙傳拾遺

東王公亦號木公。西王母亦名金母。在昔道氣凝寂。湛體無爲。將欲啟廸玄功。化生萬物。先以東華至眞之氣。化而生木公。以主陽和之氣。理於東方焉。又以西華至妙之氣。化而生金母。厥姓侯氏。位配西方。與東王公共理二氣。育養天地。陶鈞萬物也。見集仙錄

東王公又

號玉皇君。居於雲房之閒。以紫雲爲蓋。青雲爲城。仙童侍立。玉女撒香。男女得道者。名籍所隸焉。見仙傳拾遺

西王母居崑崙之閒。有城千里。玉樓十二。左侍仙女。右侍羽童。女子得道登仙者。咸所隸焉。見集仙錄 王母之第九子名玄秀。爲眞人。見明一統志 第二十三女名瑤姬爲雲華夫人。見集仙錄 小女名婉。爲太眞夫人。見神仙傳

仙人李八百者。蜀人也。歷夏商周。年八百歲。又動則行八百里。時人因號李八百。又號紫陽眞君。或隱山林。或居廛市。又修煉於華林山。在江西瑞州府城西北七十里。周穆

王時。以上居金堂山。見明一統志○金堂山在四川成都府金堂峽。後知漢中陝西漢中府唐公昉有志。不遇明師。欲教授之。乃往傭賃於公昉家。未幾。八百忽生惡瘡。周徧身體。臭惡不可近。謂公昉曰。吾瘡須人舐之。當可愈。公昉乃使三婢舐之。八百又曰。婢舐不愈。若得君爲舐之。卽當愈耳。公昉卽舐。復言無益。欲公昉婦舐之。最佳。又復令婦舐之。八百又告曰。當得三千斛美酒浴身。吾瘡當愈。公昉卽具酒著大器中。八百卽起入酒中。浴瘡卽愈。體如凝脂。亦無餘痕。乃告公昉曰。吾是仙人也。子有志。故此相試。子眞可教也。今當授子度世之訣。乃使公昉夫婦并舐瘡三婢。以其浴酒自浴。卽皆更少。顏色美悅。以丹經一卷授公昉。公昉入雲臺山中（在四川保寧府蒼溪縣）作藥。藥成。服之仙去。（見神仙傳）○按（明一統志）唐公昉城固人。王莽居攝二年。與公昉爲郡吏。忽遇眞人授以藥。拔宅仙去。或云李八百居寒泉山。公昉師事之。○城固縣今屬陝西漢中府。

（辨）按老而不死。尸解遁山者爲仙。（見上二百一張）但人之生而有死猶夜旦之必然。乃生人大主所定之常經。非人所得妄求而自外。考史載堯百有十八歲崩於陽城（今河南河南府登封縣）舜百有十歲。崩於鳴條（按括地志。鳴條在山西解州安邑縣西。）秦始王漢武帝等。求長生不死之藥。徒爲方士所欺。終未遂願。或曰。人莫不愛生而惡死。則長生之說。亦未可厚非。答曰。子之言是也。特欲長生於世。則誤耳。蓋人具形神二體。形者身軀也。神者靈魂也。身軀有五行相克。不得久存。靈魂爲純一神體。既有。靡終。二體合。則人生。二體分。則人死。人之死。非歸於無。特神分於形耳。上主生人於世。賦以良知良能。令率其本善之性。恪遵上主所定諸誡。人能若是。待形神當分之日。形體歸於土。神體升於天。永無患失之慮。此所謂善人暫生於世。永生於天。此長生之說也。彼欲長生於世而爲不死之仙。明理者所不屑道也。

按續文獻通考曰。集仙錄稱尸解。又有劍解。水解火解諸說。此皆誕言。以欺後世。殊不足信。又曰。尹氏（尹起莘）云。嘗怪世之好異者。於浮屠之死。則言寂滅。於方士之死。則言尸解。要之不免於死。則其爲欺誕可知矣。

又曰秦始皇旣平六國。無欲不遂。所必不可得者壽耳故方士以常生不死術中之卒致捐館沙邱。（始皇三十七年崩沙邱在直隸順德府平鄉縣東北二十里。）所謂常生不死。今安在哉。

又曰唐憲宗[illegible]嘗與宰相語及神仙。李藩對曰。秦始皇漢武帝學仙之效。具載前史。太宗[illegible]服天竺僧長年藥致疾。此古今之明戒也。

按衆仙之主。稱係東王公西王母。此二人俱係道氣。以東西二華之氣。化生爲天地之本源。陰陽之父母共理二氣陶鈞萬物西王母有楊何侯三姓有子女二十餘人（見上二百二張）噫其誕妄孰甚焉道也者理也非自立之體也氣也者上浮下凝有體無靈之物也非自立之體與無靈之物焉能生有靈自立之體如人哉（見前七張）其妄一也所稱東王公西王母生由二華之氣又稱掌理二氣但生由氣者則卑於氣掌理氣者則尊於氣尊卑互異其妄二也夫氣者充塞天地居萬物中之一東公西母既稱生於氣則在天地萬物後又稱彼二者爲天地

本源。陶鈞萬物。則又在天地萬物前。前後顛倒。其妄三也。人之姓從父氏。西母既稱生於氣。楊何侯三姓何由來。其妄四也。所稱西母有子女二十餘人。彼輩生由何道。或亦由氣化生乎。異說荒唐。不堪聞問。其妄五也。洵乎東王公西王母之說。自相矛盾矣。亦何足挂諸齒頰哉。

按李八百賃役於唐公昉家。生惡瘡。令公昉之婢舐之。復令公昉舐之。又令公昉之婦再舐。自是度化公昉合家成仙。見上二百二張據此。李八百所爲。微特不經。且更可惡而反乎常道。彼生惡瘡。不自舐而令人舐之。天下豈有此不近情理之事。況八百既役於公昉。主僕之名分在焉。豈有令家主及家主母舐瘡之理。八百眞亂常之罪人。烏能爲仙。烏能度人爲仙。如有其事。則八百爲惡瘡之仙。公昉爲舐瘡之仙。何足道哉。

按宋史陳從信字思齊。河南歸德府永城縣人。仕宋太宗朝。好方術。有李八百者。自言八百歲。從信事之甚謹。冀傳其術。竟無所得。審是。李八百當於西漢居攝二年。以傭於公昉家時。見上二百二張已有八百歲。則後於宋太宗朝。𠛎應有千七百歲。何仍自言八百歲哉。從信事之徒然。則所稱度公昉成仙。其爲誕妄。宋史證之明矣。

八仙

〔引〕世所傳八仙。宋以前未之聞也。其起於元世乎。委巷叢談。遂成故事。八仙卽漢世鍾離。呂洞賓。張果。藍釆和。韓湘子。曹國舅。何仙姑。李元中。見事物原會八仙之來歷如左。

漢鍾離者。姓鍾離。名權。字雲房。京兆咸陽人。陝西西安府咸陽縣仕漢世爲將軍。隱晉州山西平陽府羊角山。按、明一統志羊角山在山西平陽府翼城縣東北三十里。爲正陽帝君。見呂祖全書○一云。鍾離權嘗爲偏將。從、周孝侯戰、敗。入終南山。在陝西西安府遇東華五眞人。得道。至唐始出度純陽。即呂洞賓自稱天下都散漢。見事物原會○按計識離錄。並鍾離權。臨人。今誤爲漢將鍾離昧。非。蓋漢鍾離。乃地名。非人名。

呂洞賓者。姓呂字洞賓。又名嵒。同巖河中府永樂縣人。按地理韻編。河中府永樂縣。今山西蒲州府永濟縣東南一百二十里。曾祖延之。仕唐終河東節度使。祖渭。終禮部侍郎。父讓。海州刺史。唐德宗貞元十四年[illegible]四月十四日生。身長五尺二寸。年二十不娶。遊廬山在江西九江府遇火龍眞人。傳天遁劍法。遂號純陽子。唐懿宗咸通[illegible]中。舉進士第。時年六十四歲。後遊長安。陝西西安府遇鍾離權於酒肆。權炊黃粱。㞑假寐。夢以歷昇高爵。榮顯富貴。隨五十年。忽被重罪。籍沒家資。流於嶺表。一身孑然。因浩歎夢覺。權炊黃粱猶未熟。世稱此為黃粱夢。遂感悟宦途不足戀。即隨權同往終南鶴嶺。得道成仙。宋徽宗政和中。封為妙通眞人。元世祖〣〤〡封號純陽演正警化眞君。元武宗〤〇〇〨加封孚佑帝君。見(呂祖全書本傳) ○一云。呂洞賓者。係古聖王皇覃氏臨凡。按(路史)皇覃氏在渾沌氏後。治位二百五十載。於唐太宗貞觀二十年丙午〢〤四月十四日生。父讓。母王氏。身高八尺二寸。臉微麻。三髭鬚。年二十婚劉校尉女。

三舉進士不第。唐武后天授二年。時已四十六歲。父命赴試。經長安。遇鍾離權於酒肆。遂棄家。隨至終南鶴嶺。鍾離改其名嵒字洞賓云。見神仙通鑑○一云。呂洞賓河南蒲阪縣人見呂祖全書○按地理韻編蒲阪縣今山西蒲州府永濟縣東南。○一云。呂洞賓生於唐德宗貞元十二年歲丙子。從父海州刺史。因家焉。以科舉授江州德化縣令。江州即江西九江府。德化縣。屬九江府因縱步廬山在江西九江府遇鍾離正陽授道。見呂祖全書

張果一作張果老者。隱於恆州即山西平陽府中條山。在山西平陽府常

往來汾晉間。汾州晉州俱屬山西。自言數百歲。唐太宗高宗徵之不起。則天召之出山。佯死於妬女廟前。須臾臭爛生虫。後有人於恆州山中復見之。果常乘白驢。休則重疊之。其厚如紙。置於巾箱中。乘則以水噀之。還成驢矣。嘗言堯時爲侍中。玄宗開元二十三年。召之到東都。於集賢院安置。授銀青光祿大夫。賜號通玄先生。時有道士葉法善亦多術。玄宗問曰。果何人耶。答曰。臣知之。然臣言訖卽死。故不敢言。若陛下免冠跣足救臣。卽得活。玄宗許之。法善曰。此混沌初分白蝙蝠精言訖僵仆於地玄宗遽詣果所免冠跣足自稱其罪哀請久之果以水噀其面法善即復生其後累陳老病乞歸恒州天寶數初卒弟子葬之後發棺空棺而已。見《太平廣記》

藍采和字養素不知何許人唐末[illegible]時嘗衣破藍衫黑木腰帶闊三寸餘足一靴一跣夏服絮冬臥雪氣出如烝每行歌於城市乞索持大拍板長三尺餘似狂非狂行則振靴言踏踏歌藍采和世界能幾何紅顏一春樹流年一擲梭古人混混去不返今人紛紛

來更多。人與之錢、乃繩穿拖行。或散失。亦不回顧。嘗曰。誰云男子無孕。偏我十月懷胎。後於濠梁間（今安徽鳳陽府）酒樓。乘醉輕舉於雲中。擲下靴衫腰帶拍板。冉冉而去。（分見續神仙傳、續文獻通考、神仙通鑑）

韓湘子字清夫。愈（按唐書韓愈字退之。河南南陽府南陽縣人。仕唐憲宗朝雖）之姪。愈教以習經術應舉。對曰。姪所習與叔異。問所習何事。曰解造逡巡酒、能開頃刻花。愈令試之。湘子乃取一盆。實以土。須臾出牡丹花一朵。紅艷異常。花瓣中有金字詩一聯云。雲橫秦嶺家何在。雪擁藍關馬不前。按明一統志。秦嶺在陝西西安府藍田縣。藍關在藍田縣東南九十八里。愈問此何意。曰久自知之。後愈貶潮州府屬廣東。過藍關。大雪不能進。而湘子忽至。爲掃除其雪。愈方悟花中詩意。乃爲八句足成之。湘子作別公詩云。才爲世用古來多。如子雄文世孰過。好待功名成就日。卻收身去臥烟蘿。公別湘詩云。舉世多爲名利醉。伊予獨向道中醒。他時定是飛昇去。衝破秋空一點青。公慮處瘴毒難以生還。湘子出藥與之曰。服一粒可禦瘴氣。且告公不惟舉家無恙。還當復用於朝。後皆如所說。見續文獻通考。○

一云韓湘昌黎韓愈從子少學道落魄他鄉按明一統志陝西西安府藍田縣南四十五里有湘子洞相傳韓湘嘗隱於此久而始歸值昌黎生辰宴怒之湘曰無怒也請效薄技以獻因爲頃刻花見續仙傳○一云湘子從純陽見前二百七張遊登桃樹墮死而尸解見前二百一張來見愈自謂能造逡巡酒開頃刻花愈爲開樽果能佳醞復聚土無何開碧蓮一朵見芥子園畫傳

曹國舅者宋仁宗曹皇后之弟也曹后有弟長名景休不親世務次名景植恃勢妄爲帝每戒飭不悛常不法殺人至是包拯見後本張案之伏罪景休深以爲

恥遂隱跡山巖。葛巾野服。矢志修眞。一日鍾離呂(鍾離權呂洞賓見前二日七張)二師來問曰。聞子修養所養何物。對曰。養道曰道安在。休指天曰天安在。休指心。二師笑曰。心即天天即道。子親見本來矣。遂授以還眞祕旨。令其精煉未幾道成。見(神仙通鑑)

○一云。曹國舅者係宋仁宗(宋史)朝之大國舅也。時有廣東潮州府潮陽縣秀才袁文正攜妻張氏。往京赴試。二國舅貪張氏姿色。邀袁生夫婦入府。絞死袁生。要廹張氏。不從。監幽深房袁生魂訴包公。(按宋史包拯字希仁。安徽廬州府合肥縣人。宋仁宗朝官諫議大夫。權御史中丞。包公推究。時大國舅。處二國舅殺袁生之事。被包公聞之究辦。乃令告知二國舅務將張氏置死。以絕後患。二國舅令投張氏於井。張氏逃逸。太白金星化作老人。引之出。途遇大國舅。誤以爲包公。投呈訴冤。大國舅接呈大驚。罪以衝道。令鐵鞭擊之。疑以已死。棄屍僻巷。張氏醒後。往訴包公。包公廉得其情。詐病。賺大國舅來府問疾。包公令張氏出訴。遂將大國舅長枷監禁。又作假書。騙二國舅來府。令張氏面訴冤情。遂將二國舅枷八年中。曹皇后暨仁宗親來勸釋。包公不從。卽令二國舅押赴法塲處決。仁宗頒詔全赦天下罪犯。包公領詔。令開大國舅長枷。大國舅釋回。自稱死中復生。遂入山修行得遇眞人點化。引入仙班。見龍圖神斷公案。○按江南通志徐州仙釋曹國舅。宋哲宗紹聖四年。□蟬蛻於玉虛觀。縣東南五十里。○按宋史曹彬仕宋太祖□太宗□朝。有七子。第五子名玘。玘之女爲仁宗□獻皇后。后之兄名傅。弟名佾。傅爲榮州刺史。謚恭侯。佾仕神宗□朝。年七十二卒。追封沂王。

何仙姑。廣東廣州府增城縣。何泰之女。唐武后□時。住雲母溪。按明一統志增城縣西二十里。有雲母嶺。上產雲母石。唐武后時。增城縣何氏女。服雲母粉得道。年十四五。一夕夢神人教食雲母粉。可得輕身不死。因餌之。誓不嫁。嘗往來山頂。其行如飛。每朝去。暮則持山果歸遺其母。後遂辟穀。見前百八十二張言語異常。武后遣使召之闕。中路失之。中宗景龍〣〇〤中。白日昇仙。見續文獻通考○一云。何仙姑零陵縣屬湖南永州府市道女。生而頂有六毛。所居地產雲母。有異人教餌之。年十三。入山採茶。迷歸路。遇呂洞賓。見上二百七張食以桃。指示歸路。景龍〣〇〤中仙去。見續文獻通考○一云。何仙姑幼遇異人。與桃食之。遂不饑。能逆知人禍福。見明一統志

李元中者。唐玄宗開元〣〤〇代宗大歷〣〤〣間人。學道於

終南山。在陝西西安府。四十年。陽神出舍。爲虎所殘。得一跛丐乍亡者而居之。人不得知也。見事物原會

八仙。張。韓。呂。何。曹。漢。藍。李。爲老幼男女富貴貧賤。一云。老則張。少則藍韓。將則鍾離。書生則呂。貴則曹。病則李。婦女則何。見事物原會

通考全書載漢鍾離等八仙中。無李元中。而有鐵拐李。

鐵拐李者。姓李名孔目。有足疾。西王母見前二百一張點化昇仙。封東華教主。授以鐵拐。前往京師。度漢大將軍

鍾離權。見上二百七張加封紫府少明君。見通考全書○一云。鐵拐李。即李凝陽。遇老子見前二十九張得道。後出神遊華山。與其徒郎令。約以七日。倘遊魂不返。焚其屍。後六日。其徒以母病遽焚。歸家視母。凝陽返。失其魄。林中有一餓莩。凝陽遂從顖門而入。自見黑臉蓬頭。鬈鬚巨眼。跛右一足。形極醜惡。始知失卻本來面目。復欲跳出。老子止之。與以金箍束髮。鐵拐拄跛。凝陽以手撐兩眼如鐶。遂自號李孔目。世稱爲鐵拐李先生。見神仙通鑑

○一云。李鐵拐。隋時峽今湖北宜昌府東湖縣境。人。名洪水

小字拐兒。又名鐵拐。常行丐於市。人皆賤之。後以鐵杖擲空。化爲龍。乘龍而去。見續文獻通考

續文獻通考載漢鍾離等八仙中。無李元中。張果。何仙姑。而有鐵拐李。風僧哥。玄壺子。

詹曝雜記載俗以鍾離權。呂洞賓等爲八仙。後蜀孟昶見後二百八十五張生日。張素卿進八仙圖。乃李耳。容成。董仲舒。張道陵。嚴君平。李八百。范長壽。葛永璝也。李耳見前二十九張。○按萬姓統譜。容成。黃帝臣。按續文獻通考。容成公見於周穆王時。自稱黃帝師。善補導之事。髮白更黑。齒落更生。亦云老子師。○按前漢書。董仲舒。廣川人。少治春秋。景帝時爲博士。以春秋災

異之變。推陰陽所以錯行。廣川今直隸冀州棗强縣東三十里。○張道陵。見前百八十二張。○按萬姓統譜嚴君平字遵。臨邛人。善易。卜筮於成都市。日得百錢。則閉肆下簾讀老子。揚雄少時從學。臨邛今四川邛州治。揚雄。西漢武帝元鼎間時。居四川岷山之陽○李八百。見前二百二張。○范長壽俟考。○按萬姓統譜葛永璝。亦名仙翁。晉時蜀人。按明一統志四川成都府彭縣北四十里。有葛永璝山。昔永璝得道此山。昇仙因名。

辨 按八仙說。創於元時。委巷叢談。遂成故事。見上二百七張且所述事實。俱屬無稽。而八仙名目。又多岐異。顯係好事者。各本私臆。矜奇附會。不足取證明矣。

按續文獻通考直抉何仙姑呂洞賓之妄。曰。按仙姑稱於唐中宗景龍中仙去。（見上二百十三張）洞賓稱於唐德宗貞元中生。（見上二百七張）則仙姑在洞賓之先。所傳多妄。豈是洞賓當生。仙姑已死數十年。烏得遇洞賓食以桃哉。

引陔餘叢考載世俗相傳。有所謂八仙者。曰漢鍾離。張果老。韓湘子。鐵拐李。曹國舅。呂洞賓。又女仙二人。藍采和。何仙姑。按太平廣記神仙通鑑等書。臚列仙蹟。纖悉不遺。並無所謂八仙者。胡應麟（見前百五十七張）謂大概起於元世。王重陽教盛行。以鍾離爲正陽。洞賓爲純陽。何仙姑爲純陽弟子。因而輾轉附會。成此名目云。今戲有八仙慶壽。尚是元人舊本。則八仙之說之出於元人。當不誣也。其中亦有數人見於正史者。其餘雜見於稗官小說。多荒幻不足憑。姑摘錄以質之有識者。張果見舊唐書。開元。玄宗二十二年。帥徵恆州張果先生。授銀青光祿大夫。號通元先生。鍾離權見宋史陳摶傳。陳堯咨謁摶。有髽髻道人先在坐。堯咨私問摶。摶曰。鍾離子也。又王老志傳。有丐者自言鍾離先生。以丹授老志。服之而狂。遂棄妻子去。呂洞賓亦見陳摶傳。謂關西逸人。有劍術。年百餘歲。步履輕捷。頃刻數百里。數來摶齋中。此三人者。皆見於正史。尚或可信。韓湘子者。相傳韓昌黎之從孫。卽韓詩左遷藍關示姪孫湘者也。然公詩中。絕不言其有道術。而西陽雜俎青瑣高議等書。轉以此詩附會。謂湘能爲頃刻花。公未謫前。湘先有秦嶺藍關一聯。現於花上。公至藍關。而湘適至。故公足成之云。按唐宰相世系表。湘乃老成之子。註昌黎有贈姪老成詩。 登長慶（唐穆宗）三年〡〤〇進士。官大理丞。初不言其有異術。惟昌黎有徐州贈族姪一首云。擊門者誰子。問言乃吾宗。自云有奇術。探妙知天工。曰族姪。則非姪孫。探妙知天工。蓋不過如星士之類。能推人貴賤。故下又云。期我語非佞。當為佐時雍。也。而湘則隨昌黎至嶺南。(註)昌黎有宿曾江口示湘詩。曾江即廣州增城縣江也。幷非如徐州族姪之能知天工也。而轉以藍田詩附會之。其為荒幻。更不待辨矣。鐵拐李。史傳並無其人。惟宋史陳從信傳有李八百者。自言八百歲。從信事之甚謹。冀傳其術。竟無所得。又魏漢津傳自言師事唐人李八百。授以丹鼎之術。則宋時本有李八百。在人耳目間。然不言其跛而鐵拐也。胡應麟乃以神仙通鑑所謂劉跛子者當之。然劉李各姓。又未可強附續通考。又謂隋時人。名洪水。小字拐兒。亦不言所出何書。則益無稽之談也。曹國舅相傳爲宋曹太后之弟。按宋史慈聖光獻太后弟曹佾。年七十二而卒。見前二百十二張未嘗有成仙之事。此外又別無國戚而學仙者。則亦傳聞之妄也。道山清話記晏殊按宋史殊字同叔。眞宗景德初。以神童名。乃仙人曹八百託生。所謂曹八百者。豈即其人耶。然又非國戚也。何仙姑者。劉貢父詩話謂永州人。續通考則謂廣東增城人。曾達臣獨醒雜志謂宋仁宗時人。續通考則又謂唐武后時時人。傳聞之訛。已多岐互。至藍采和者。太平廣記謂常衣破藍衫。一足靴。一足跣。夏則絮。冬則卧於雪。嘗入市持大拍板。唱言。踏踏歌。藍采和世界能幾何。古人混混去不返。今人紛紛來更多。元遺山因以入詩。有自驚自嘆先潘岳。人笑藍衫似采和之句。又題藍采和像云。長板高歌本不狂。兒曹自為百錢忙。幾時逢着藍衫老。同向春風舞一場。是藍采和乃男子也。今戲本又硬差作女粧。尤可笑。

（辨）按八仙名目。俱係輾轉附會而成。荒幻離奇。均不足信。

劉海

〔引〕劉海名操字宗成。按〔廣輿記〕字昭達燕山人〔燕山即直隸順天府〕以明經擢甲第。仕燕王劉守光爲相。平昔好談性命。欽崇黃老。見前百八十五張有道者正陽子即鍾離權。見前二百七張來謁。操邀坐堂上。正陽子索雞卵十枚。金錢十文。以一錢間一卵高疊之。即世稱劉海戲金錢所由起也。操歎異曰。危哉。正陽曰。相公更危於此。別去。操頓悟。見燕王光僭妄稱燕帝。按〔通鑑綱目〕後梁太祖開平三年。梁以劉守光爲燕王。乾化元年。梁守光自稱燕帝。諫之不聽。遂託疾解印去。改名玄英。道號海蟾子。遍遊訪道。

後遇呂純陽。見前二百七張授金液還丹之要。乃修眞得成仙道。見神仙通鑑元順帝至元六年。始封明悟弘道眞君。見續文獻通考○一云劉操仕遼。爲宰相。遁迹於終南太華之間。見呂祖全書○終南山。太華山。俱在陝西西安府。

孟籟甫豐暇筆譚載蘇州貝宏文家。世居閶門外之南濠。貿易爲生。累代行善。康熙初年。有一不識姓名男子。自稱阿保。踵門請服厮役。貝允而收錄之。令其力作。意甚勤謹。月餘給以工値。辭不肯受。時或數日不食不饑。家人輩咸異之。一日令滌溺器。輒翻其裏滌之。滌畢。旋又翻轉。軟如羊豕之脾。羣輩更加驚詫。元夕抱主人之子。觀燈於市。人叢中忽失所在。舉家惶急。三鼓始歸。主人大詬讓之。答曰。今年天下燈俱不盛。惟福建省城燈頗可觀。故抱往一賞耳。何遽怒也。人猶未信之。兒徐探其懷。出鮮荔枝十餘枚。置父母前。曰請啖之。因始知其爲仙也。又數月汲井得三足大蟾蜍。以綵繩數尺繫之。負諸肩背。喜躍告人曰。此物逃去。期年不能得。今尋得之矣。於是鄰里傳述以爲劉海蟾在貝家。爭往看之。至擁擠不得行。負蟾者舉手謝主人。從庭中冉冉乘空而去。至今過其門者。猶指爲仙蹟所在也。

（辨）按劉海不從僭稱之主。託疾解印。固屬可嘉。但係黃老之徒。殊不足道。至所稱爲鍾離權呂洞賓度化成仙。見上二百十九張 更屬誕妄。無庸贅辨。

按孟籟甫逃劉海傭於貝家。滌溺器。能傾翻其裏數刻間。能吳閶往返。汲井得三足蟾。負諸肩背。言謝主人。乘空而去。見上二百十九張 此種無稽之談。殆籟甫姑聽之而姑錄之。決非謂果有其事也。

和合

【引】遊覽志餘曰。和合神。卽萬回。一作萬廻○【太平廣記】重增搜神記】合載萬廻者。閿鄉縣屬河南陝州人。姓張。唐太宗貞觀六年攸五月五日生。生而愚。父母以豚犬畜之。父令耕田。廻耕直去不顧。一壟數十里。遇溝乃止。廻兄戍役安西。卽陝西西安府父母遣廻問訊。廻朝往夕返。合家異之。河南抵安西萬餘里。以其萬里廻。故號萬廻【事物原會】曰。和合神乃天台山在浙江台州府天台縣僧。寒山與拾得也。寒山爲和。拾得爲合。○【續文獻通考】曰。寒山者。貞觀中（唐太宗年號）隱寒巖。（在浙江台州府天台縣西）時來國清寺。（在天台縣北）望空噪罵。寺僧逐之。則大笑。後於寒巖縮身石穴。縫泯無跡。拾得者。乃豐干禪師道側所拾之兒。攜養於國清寺。遂名拾得。稍長。任役廚閒滌器。常投殘食於筒。寒山常來寺。就拾得取食之。

（辨）按和合或為獃憨萬回。或為髡僧寒山拾得。而乃稱之曰仙。仙乎仙乎。

劉猛將軍　劉太尉

引如皋縣志載劉猛將軍。即宋將劉錡。舊祀於宋。以北直山東諸省。常有蝗蝻之患。禱於將軍。則不爲災。按宋史錡字信叔。甘肅秦州人。通陰陽家行師所避就。高宗紹興二十七年。嘅擢太尉。遷鎭江都統制。金人圍順昌。錡大敗之。三十二年嘅卒。諡武穆。○順昌今安徽潁州府。○按常熟縣志劉太尉廟。祀劉錡。

蘇州府志載劉猛將軍。姓劉名銳。即宋將劉錡弟。歿而爲神。驅蝗。按宋史高宗紹興三十一年。時劉錡以疾罷。以劉銳權鎭江都統制。

柳南隨筆載。劉宰漫塘金壇人。俗傳死而爲神。職掌蝗蝻。呼爲猛將。江以南多專祠。春秋禱賽。則蝗不爲災。而丙戶奉之尤謹。殊不可解。按趙樞密蔡作漫塘集序。稱其學術本伊雒。文藝過漢唐。身後何以不經如此。其爲後人附會無疑也。按宋史劉漫塘名宰字平國。江蘇鎭江府金壇縣人。光宗紹熙元年。舉進士。歷任州縣有能聲。理宗朝以爲藉田令。明敏仁恕。施惠鄉邦。毀淫祠八十四所。及卒。鄉人罷市走送。袂相屬者五十里。人人如哭其私親。著有漫塘文集語錄行世。

清嘉錄曰。劉猛將軍。相傳神能驅蝗。初名揚威侯。加封吉祥王。怡菴雜錄以爲宋名將劉武穆錡。而姑蘇志又云。猛將名銳。乃錡之弟。嘗爲先鋒陷敵前。及考宋史劉錡傳。有姪曰汜。無弟銳之名。又宋史自有劉銳端平。宋理宗三年。以知文州死元兵難。詔立廟賜謚。疑卽此神。按(宋史)劉銳知文州。理宗嘉熙元年。以北兵來攻。銳拒守二月。餘援兵不至。自度不免。集其家人。盡飲以藥。皆死。乃聚其屍焚之。銳自刎死。然文州今陝西文縣。則又與吳地無涉。今俗作劉翰。翰字仲偃。宋欽宗時。以資政殿學士使金營。不屈死。爲神固宜。按(宋史)劉翰福建建安府崇安縣人。欽宗靖康元年。以金人南寇。京城不守。翰使金營。金人欲留用。翰不屈。自縊。賜謚忠顯。但又不宜祀於吾地。則以劉武穆錡。或其弟銳爲近是、(歙縣志)載劉猛將軍名承忠。吳川卽直隸河間府吳橋縣人。元末以授揮使。弱冠臨戎。兵不血刃。逾江淮千里。飛蝗偏野。揮劍追逐蝗飛境外。後鼎革。自沉於江。有司奏請。遂授猛將軍之號。

【辨】按驅蝗神猛將軍。或稱爲宋高宗時之劉錡劉銳。理宗時之劉銳。光宗時之劉漫塘。欽宗時之劉仲偃。或稱爲元末之劉承忠。要之均非能驅蝗者也。三岡識畧曰。康熙間。湯公斌（見後二百三十九張）撫吳。以俗祀猛將荒誕不經。奏請嚴禁。奉

旨淫祠濫祀着勒碑永禁。數百年惡俗。一朝而革。湯公此舉眞不愧狄梁公矣。（按綱鑑唐狄仁傑巡撫江南。奏毀吳楚淫祠一千七百所。）

三茅君　佑聖眞君

引　神仙通鑑　重增搜神記　合載三茅君者。茅氏兄弟三人盈固衷也。世居咸陽。卽陝西西安府祖名熹字拱倫仕秦莊襄王。以爲廣信侯。父名祚字伯英。按讀書紀數略三茅之父名蒙。按洞仙傳。三茅之高祖名濛字初成。按續文獻通考。茅濛咸陽人。博學深鑒。知周室將衰。不求仕進。歎曰。人生若流電。於是入華山修煉。秦始皇三十年臘九月庚子日。白日昇天。玄孫盈固衷居茅山。號三茅。母許氏。盈字叔申。固字季偉。衷字思知。盈生於西漢景帝中元五年。以十月初三日。年十八。別父母入恒山。在山西大同府渾源縣遇神人王君。盈拜之爲師。王君授以調神之法。盈行之。便得身輕辟穀。見前百八十二張西王母見前二百一張又授以玄眞之經。年四十九道成還家。父責以不親供養流走四方。欲杖之。方舉杖。杖即摧折數段飛揚中壁。家居未幾復東入吳之句曲山。按明一統志句曲山在江蘇江寧府句容縣東南四十五里。後因茅君得道於此。更名茅山。山有三峯。三茅君各占一峯。謂之三茅峯。遇神人授以玄眞自養之法。即能遐舉飛昇。後父母壽終。盈歸家。行喪如禮。宣帝本始四年。卌四月三日。有仙吏來迎。盈別親友曰。我在東南句曲山。乃乘雲而去。兩弟固衷在官聞之。遂棄官。至句曲山。盈見之。教以延壽之法。令長齋三年。分居三峯。宣帝元康二年。秋八月己酉日。固衷乘、黃鶴、白日、昇天。士、民爲之立祠、於三峯求嗣無不輒應。盈之師王君。自泰山（在山東泰安府泰安縣）來句曲。以弟之女名玉女許字於盈爲妻。盈遂往泰山完姻。自是駕乘白鶴往來南北焉。宋太宗[illegible]封茅盈爲佑聖眞君。

（辨）按三茅君。係兄弟三人。隱於句曲山。神人授以祕術。得輕身辟穀。道成。白日昇天。後人爲之立祠求嗣者輒應。大茅君取玉女於泰山。由是駕鶴往來。見上二百二十二張三茅來歷。殊屬荒遠無稽。彼之辟穀輕身。白日昇天。求嗣輒應。乃必不能致之事。況大茅既已登仙。又娶玉女。更屬不經。顯係茅氏兄弟。在句曲山怪行胡言。矯稱得受祕術。以惑鄉愚。死後好事者。鋪張夸大。立祠塑像。賺眾施捨。以飽私橐。此乃三茅來歷之實蹟。世之敬三茅者。使一究其所傳之妄。亦當自悟矣。

蕭公

（引）重增搜神記載蕭公字伯軒龍眉虬髮美鬚垢面爲人剛直自持言笑不苟善善惡惡里閈咸爲質平歿於宋度宗咸淳[illegible]閒遂爲神附童子先事言福中若發機鄉民爲之立廟於江西臨江府新淦縣之太洋洲保江佑民有求必應元[illegible]時以其子蕭祥叔明[illegible]初以其孫蕭天任併祀於廟明永樂十七年[illegible]封爲水府靈通廣濟顯應英佑侯大著威靈於九江八河五湖四海之上

〔辨〕按蕭公在生。不過一剛正之人。爲里人所欽服者。餘無可稱。乃死後能豫言禍福。保江佑民。吾不解死蕭公何由得此奇能。世之剛正者。不特蕭公一人。何蕭公死後獨能爲神。決係好事者揑造。騙人立廟漁利。且所述有求必應。顯靈於江河湖海。何覆舟溺斃。仍時有之。豈因敬之有未誠歟。彼敬蕭公者。當憬然悟矣。

晏公

引重增搜神記明一統志合載公姓晏名戍仔江西臨江府清江縣人濃眉虬髯面如黑漆平生嫉惡如探湯元世祖初應選入官爲文錦堂局長因病歸登舟卽奄然而逝從人如禮殮之未抵家里人先見其現於曠野之間衣冠如故月餘柩至且駭且愕語見之日卽其死之日也啟棺視之一無所有蓋尸解云尸解見前二百一張父老知其爲神立廟祀之顯靈於江河湖海凡遇風浪洶濤商賈叩頭卽風恬浪靜所謀順遂明

太祖洪武年初。封為顯應平浪侯。

上海縣志載蔡懋昭記畧云。平浪侯晏公。數顯靈於江湖間。吳赤烏年中。建廟於周涇左。周涇在上海西門外。明世宗嘉靖年間。島夷犯城。夜半俄聞喊殺聲。已而海潮氾濫。溺賊八千餘人。遂解圍去。案前志云。宋史公名敦復。字景初。江西撫州人。官左司諫。退居卒。年七十一。按宋史晏敦復傳敦復仕於宋高宗紹興朝非為直言骨鯁之臣。江西通志封臨淄侯。立廟在饒州府。屬江西

辨 按晏公或稱元時晏戍仔。或稱宋時晏敦復。又

有稱係孫吳赤烏以前人。見上二百二十五張孰是孰非。姑置不論。但今人於晏公爲誰。尚未深究而敬奉之。不亦異哉。

按元時之晏戌仔。僅一好善嫉惡之人而已。所述開棺而不見其屍。見上二百二十五張顯係從人與里人詭謀行詐。何以言之。蓋巳殯之柩。非爲身死不明經官檢驗。從無開視之例。彼獨欲開視戌仔之棺。定必豫匿其屍。先捏言現身曠野。故作駭愕之狀。見上二百二十五張以神其說。迨開棺不見其屍。而其奸乃售。

不然。已殮月餘。何爲而復開視耶。

按所稱戍仔保風浪之險。語更鑿枘。蓋其抱病登舟。見上二百二十五張本不欲客死他鄉也。乃不能苟延至家。而獨於息風平浪。能援救舟人。有是理乎。

按宋時之晏敦復。爲當時直言骨鯁之臣。後人爲之立廟饒州。見上二百二十五張或念其居官忠直。侃侃爭諫。曾有德於民。未必因其能息風平浪也。風之作也息也。浪之激也平也。俱係造物大主。獨掌其權衡。非已故之人所能僭竊也。顯係好事者。假借附會。神其妄說。而乃竟有被其惑者。亦可慨也。

許眞君

（引）太平廣記　重增搜神記　明一統志　合載眞君姓許名遜字敬之。河南汝寧府人。按廣輿記江西南昌府人祖名談。父名肅。母夢金鳳銜珠墮於懷中而娠。生於吳大帝赤烏二年。[illegible]幼習道術。長舉孝廉。晉武帝太康[illegible]初授旌陽令。旌陽今湖北荊州府枝江縣北歲饑。嘗點瓦礫化金。俾民得輸負租。爲符咒以治疫。活數千人。尋以晉室棼亂。棄官歸。涉遊江左。江南從郭璞東晉[illegible]時之術士見王敦。東晉之叛臣諫請歸順。璞語言不遜。觸敦怒。敦令斬璞。許君擲杯梁上。使之飛遶。敦舉目看杯。許君隱身而遁。至廬江口（在安徽）駕舟。有二龍來拽舟。離水凌空入雲。俄頃即抵九江（江西九江府）之廬山。（在九江府城南二十里）舟師啟窗偷覷。二龍知人見之。遂棄舟於巔而去。當時有蛟蜃精化爲少年。自名愼郎。娶潭州（湖南長沙府）刺史賈玉之女。於衙署後院而居。每於春夏之間。旅遊江湖。一日許君於豫章（江西南昌府）遇之。知爲蛟蜃精。江西之累遭水災。即此精之爲害。因圖翦除之。愼郎知被許君識認。遂化爲黃牛遠遁。許君即化爲黑牛追之。黃牛逃投井中。黑牛跟入井內。按明一統志江西南昌府城上蛟井。即許遜逐蛟之所。黃牛躍出奔走。徑歸潭州。復變為人。匿於賈玉衙署。許君跟往潭州。至衙署。索令慎郎出見。并厲聲曰。蛟蜃精焉敢遁形於此。慎郎出。化歸本形。宛轉堂下。許君令空中神兵殛之。又令慎郎二子出。隨以水噀之。即成小蜃。許君令賈玉速急徙居。俄頃之間。官舍沉沒為潭。許君除蛟後。東晉孝武帝寧康二年。甲戌八月初一日。於南昌城外之西山。舉家四十二口。白日飛升。雞犬亦隨去。時許君一百三十六歲。里人與許君之族人就其地立祠并以許君之遺詩一百二十首繕於竹簡置之於筒令人探取以決休咎名曰聖籤宋徽宗政和間封許遜爲妙濟眞君敕建宮觀。

續文獻通考載許遜斬蛇誅蛟悉除民害慮豫章爲浮州蛟螭所穴乃於府城南井鑄鐵爲柱下施八索勾鎖地穴按明一統志江西南昌府城內市中鐵柱宮前有井水黑色其深莫測與江水相消長鐵柱立其中相傳許遜所鑄以息蛟害者元吳全節詩八索縱橫維地脈一泓消長定江流又許遜斬蜃後鑄鐵柱二一在南昌府城南麋以鐵索以鎮蜃穴又蛟穴有二一在南昌府豐城縣東二里一在豐城縣治西其中積水四時不竭舊傳蛟精嘗蟄於此許遜以符咒逐之蛟遂遁去由是水妖

屏息。又周遊江湖諸郡。殄滅毒害。乃歸舊隱。精修至道飛昇。

孟籟甫豐暇筆談孽龍篇載許旌陽眞君。未成道時。有一友頗負氣。而性放誕。眞君常切戒之。一日。浴於江渚。獲一卵大如瓜。破其殼而呑之。遍體躁熱生鱗甲。三日而化爲龍。遂入大江中。時或變美男子。出蠱婦女。又欲攪鄱陽湖（在江西饒州府）水爲中海。眞君爲億光生靈計。方擒之。鎖之石柱上而瀦之。卽南昌（府屬江西）城中萬壽宮。一名鐵柱宮也。先是嘗爲贅壻於富民家。

以眞君言而引避之。亦不復來。又嘗至一瀕江民家。惟姑媳兩人獨處。拒不納。孽龍回顧指曰。水來矣。卽水從門外入。兩婦入寢門。孽龍隨之入。復回顧指曰。水來矣。水又入寢門內。三人者不得已而登樓。孽龍遂與少婦同宿。天明乃去。婦因有娠。及臨月。眞君爲道人粧。往化齋。其家辭以有難。願以異日。眞君曰。吾固知汝家有難。特來營救。此去東南一里許。有老姥善收生。可往求之。卽如言往請而來。蓋廬山老姆也。風雨雷電中。姥在內收一龍子。眞君在外斬之。須臾已斬八龍。末一龍欲升去。而屢回顧其母。眞君惻然憫念曰。此孽畜猶有孝心。不可斬。但斷其尾。孽龍負痛逃入湖北深湫中。歲一至江右。探望其母。往還以三四月候。必有大風雨隨之。或曰先在應山。縣屬湖北德安府某鄉土人。苦其橫暴。俟其去。輒以穢物置湫中。遂徙隨州屬湖北德安府隨多山澤。與應山連界。皆德安府屬湖北郡屬也。前一說。得自江西人口述。後一說。則德安人所傳也。新刊萬壽宮誌所載。要亦大同小異耳。

(辨)按許遜點瓦礫化金。見上二百二十八張要知物各有質。

人之能第分其質。不能變其質。如鎔白銀可提黃金。鍊黃銅可提赤銅。特以白銀含有黃金。黃銅含有赤銅。分也。非變也。若乃陶瓦沙礫。內無金質。非變其質。不得化爲金。但操變化物質之能者。惟造物主。非道術所能致力也。其妄一。

按許遜擲杯梁上。使之飛遶。賺王敦舉目向視。俾得隱身逸脫。（見上二百二十八張）夫許遜果能使杯憑空飛遶。卽或不逸。亦可免王敦之害。許遜果能隱身。亦無須借擲杯之戲。乘機逃脫。其妄二。

按許遜駕舟。二龍拽引。嗣因舟師窺視。龍遂棄舟而去。見上二百二十八張此二龍。許遜何能使之來。設能使之來。不應因舟師一窺。驚怯而逸。其妄三。

按蜃精變爲少年娶室。識破後。變黃牛投井。許遜自變黑牛。隨投井內。蜃精復變爲人。逃奔潭州。許遜追至。飭變本形。遂令空中神兵殛之。見上二百二十九張夫蜃精爲何物。其蜃耶。抑魔耶。如爲蜃。不能變人變牛。如爲魔。許遜不能誅之。蓋許遜人耳。烏有誅魔之權。況所稱許遜令神兵殛之。則許遜係神將矣。旣爲神將。何不於豫章初遇愼郎時。急令誅之。乃甘變黑牛。投井內。何太不自惜也。其妄四。

按許遜舉家人口雞犬。白日飛昇。見上二百二十九張要知天覆地載。而人處其中。許遜何人。焉能以覆於天者。超然遐舉乎。是隱身之術。地固無隙可乘。飛昇之舉。天更不可自階而升矣。尤可笑者。許遜飛昇。仍需司晨守夜。而挈雞犬以同往也。其妄五。

按許遜鄰族。以其遺詩。繕於竹簡。以決休咎。見上二百二十九張此乃各種誕妄之所由起。益鄰族揑造虛言。

誑人問卜。藉以漁利也。

按宋徽宗封許遜爲妙濟眞君。見上二百二十九張考通鑑綱目徽宗政和三年。州方士王仔昔自言遇許遜。得大洞隱書。能道人未來事。宰輔蔡京薦之。帝召見。封爲通妙先生。再考宋史仔昔倨傲。欲羣道士皆宗己。及林靈素見前六十六張有寵。忌之。陷以事。因獄而死。審是。徽宗之崇奉許遜。由王仔昔之蒙徽。但仔昔自言得許遜之隱書。能道人未來事。何乃反不知己之未來事。致因獄而死。則許遜之隱書。乃工於謀人。而拙於謀己者也。世之敬許遜者。曾亦思之否耶。

按許遜鑄鐵柱。縻鐵索。以鎖地脈。以鎮蜃穴。（見上二百二十九張）此種無稽之談。盡人知之。無庸贅辨。

按許遜之友。吞江卵而化爲孽龍。變男子而污辱婦女。奸生小龍。遜斬之。并擒孽龍而鎖於石柱。（見上二百三十張）種種無稽之談。不待辨而自明。孟籟甫因人述而縷誌之。殆以諷世之妄信者歟。

三官　三元

（引）陔餘叢考曰。天地水三官之說。出於道家。以天地水爲三元。能爲人賜福。赦罪。解厄。皆以帝君尊稱焉。漢靈帝熹平𡵓中。有張道陵之子衡。造符書。令有疾者。自首書名氏。及服罪之意。作三通。其一上之天。著山上。其一薶之地。其一沈之水。謂之天地水三官。使病者出米五斗。見前百十八張八衡但有三官之稱。而尙未謂之三元。其以正月七月十月之望爲三元。則自元魏始。蓋其時方尊信道士寇謙之。（見前百九十張）三元之說。蓋即謙之襲取張衡三官之說。而配以三首月爲之節候耳。宋史方伎傳苗守信精道術書。上言三元日。上元天官。中元地官。下元水官。各主錄人之善惡。皆不可以斷極刑。此三元之名之原委也。

重增搜神記載陳子椿爲人聰俊美貌。於是龍王三女。自結爲室。三女生三子。三子俱是神通廣大。法力無邊。天尊（見前五十七張）見有神通廣大。顯現無窮。即封爲上元一品天官賜福大帝。中元二品地官赦罪大帝。

下元三品水官解厄大帝。天官正月十五日誕生。地官七月十五日誕生。水官十月十五日誕生。

【雜】按三官之說。創於方士張衡。以符咒治病。書符三通。名之曰天地水三官之書。令病家出米五斗。而道士寇謙之。又附會以三元之說。（見上二百三十三張）審是。三官之說。係騙米之術。豈眞有三官三元之神哉。況天地水爲三官。三首月望日爲三元。其說毫無所屬。信之者亦弗思耳。

按龍王三女。貪陳子椿貌美。自適之。生三子。乃爲天地水三官。賜福赦罪解厄三大帝。見上二百二十三張彼三官生於龍女。非特不經。且又不足齒。好事者襲張衡說。附會作傳。言無根據。而愚民茫然信之。每逢一七十之期。戒葷茹素。名三官素。望之賜福赦罪解厄。其妄可笑。其愚可憐矣。

五聖

引重增搜神記載唐僖宗光啓年閒。邑民王喻有園在城北。一夕園中火光燭天。邑人往觀之。見神五人。自天而下。呼喻曰。吾受天命。當食此方。福祐斯人。喻曰惟命。言訖。神卽昇天。明日邑人相宅立祠。塑像供之。始號五通。後。宋徽宗宣和年閒。封爲侯。寧宗慶元年閒。加封爲王。

陔餘叢考曰。鈕玉樵謂明太祖〤〇〡〨旣定天下。大封功臣。夢兵卒千萬羅拜乞恩。帝曰。汝固多人。無從稽考。

但五入爲伍。處處血食可耳。命江南人各立尺五小廟祀之。俗謂之五聖廟。後遂樹頭花開。雞塒豕圈。小有灾殃。輒曰五聖爲祟。　本朝有湯公斌巡撫江南。奏毀之。其禍遂絕。述異記亦載康熙八年。[illegible]秀水縣（屬浙江嘉興府）民郭季平爲五聖所祟。丙寅。[illegible]江蘇巡撫湯公奏除五聖淫祀。妖禍遂絕云云。然實未盡絕也。余（趙雲松自謂也。雲松一作耘菘。名翼。乾隆時著陔餘叢考）少時。見鄰人王祥龍。及俞弈千之女。皆犯此祟。而山村野岸。尺五小廟。所在有之。如汀州（府屬福建）七姑子。建昌（府屬江西）木下三郎之類蓋幽明之際。變幻無窮。固非令甲所能禁也。然玉樵謂起於明祖。則未必然。按夷堅志林劉舉將赴解。禱於錢塘縣屬浙江杭州府門外九里西五聖行祠。遂登科。爲德興縣屬江西饒州府尉。到任奠五顯廟。知爲五聖之祖祠也。則五聖之祠。宋已有之。七修類稿又謂五通神。即五聖也。然則五聖五顯。五通。名雖異而實則同。夷堅志所載。韓子師病祟。請客以符水治之。見五通神銷金黃袍。騎馬而去。又醫者盧生。託宿趙喜奴家。共枕席。天明但見所寢在五聖廟側。草露之上。武林聞見所載宋嘉泰寧宗年號中。大理寺決一囚。數日後見形於獄吏。求爲泰和樓五通神。如此之類。不一而足。而陳友諒僭號。按明史歷代統紀表元季。羣盜聚衆爲亂。順帝至正十九年。繼陳友諒自稱漢王。二十年、繼克安徽太平府。進駐采石磯。以采石五通廟爲行殿。卽皇帝位。國號漢。改元大義。二十三年。繼明太祖討之。大戰於鄱陽湖。友諒敗死。亦在采石按明一統志采石山。在安徽太平府城北二十五里。臨江有磯。曰采石。五通廟則五聖者。宋元已有之而非起於明祖矣。

（辨）按五神從天下降。自稱膺受天命。當食此方。福祐斯民。邑人遂爲立祠。見上二百三十五張此五聖之來歷。

顯係無稽。豈有上天之主。遣神下降。令人淫祀。其爲好事者揑造。以惑庸愚。已無疑義。且今之橋頭村落。建有五聖廟與否。亦任各鄉之好惡。而各處之福禍。未嘗以彼廟之有無爲關繫也。則禍福之無繫於五聖。其證明矣。

按五聖。五顯。五通等名目之祀。宋已有之。而明時盛行。由於太祖之幻夢。然其怪誕不經。且時作禍祟。不堪齒及。見上二百三十六張何至今家祀戶祝。而引鬼上門者。仍如夢未覺耶。

引 湯文正公斌奏毀淫祠疏

竊以吳中之俗。尚氣節而重文章。閭閻詩書。以著述相高。固天下所未有也但其風涉淫靡。黠者藉以爲利。而愚者墮其術中。爭相倣效。無所底止。如婦女好爲冶遊之習。靚粧艷服連袂僧院。或羣聚寺觀。裸身燃臂。號肉身燈。虧體誨淫目以爲孝。至於斂錢聚會。迎神賽社。一旛之直。可數百金。刻造馬弔紙牌。編作淫詞艷曲。流傳天下。壞人心術。婚喪不遵家禮。戲樂參靈。綵服送喪。仁孝之意衰。任卹之風微。而無賴少年。教習拳勇。身刺文繡輕生好鬭。名爲打降。如此之類。不可枚舉。臣皆嚴加禁飭。委曲告誡。今寺院無婦女之跡。河下無管弦之聲。迎神罷會。艷曲絕編。打降之輩。亦稍稍斂迹。若地方有司守臣之法。三年之後。庶幾反樸還湻。且浮費簡。則賦稅足。禮教明。則爭訟息。固吳中之急務也。然此皆地方官力所能行。不敢上煩　諭旨。惟有淫祠一事。挾禍福之說。年代久遠。入人膏肓。非奉　天語申飭。不能永絕根株。蘇松淫祠。有五通。五顯。五方賢聖諸名號。皆荒誕不經。而民間家祀戶祝。飲食必祭。

妖邪巫覡。創爲怪誕之說。愚夫愚婦。爲其所惑。牢不可破。蘇州府城西十里。有楞伽山。俗名上方山。爲五通所踞。幾數百年。遠近之人。奔走如鶩。牲牢酒醴之饗。歌舞笙簧之聲。晝夜喧闐。男女雜遝。經年無時間歇。歲費金錢。何止數十百萬。商賈市肆之人。謂稱貸於神。可以致富。借直還債。神報必豐。諺謂其山曰玉山。其下石湖曰酒海。蕩民志。耗民財。此爲最甚。更可恨者。凡年少婦女有殊色者。偶有寒熱之症。必曰五通。將娶爲婦。而其婦女亦恍惚夢與神遇。往往羸瘵而死。家人不以爲哀。反艷稱之。每歲常至數十家。視河伯娶婦。見後三百四十九張而更甚矣。蕩民志。耗民財。又敗壞民俗如此。皇上治教。如日中天。豈容此淫昏之鬼。肆行於光天化日之下。臣多方禁之。其風稍息。因臣勘災至淮。乘隙益肆猖獗。臣遂取妖像。木偶者。付之烈炬。土偶者。投之深淵。檄行有司。凡如此類。盡數查毁。撤其材木。備修學宮。并葺城垣之用。民始而駭。繼而疑。以爲從前曾有官長。厭其妖妄。銳意革除。神即降之禍殃。皆爲臣危之。數月之後。見無他異。始大悟往日之非。然吳中師巫。最黠而悍。誠恐臣去之後。
必有造怪誕之說。箕斂民財。更議興復。愚民無知。必
然舉國猖狂。不可禁遏。請　賜特旨嚴禁。勒石山巔。
令地方官加意巡察。有敢興復淫祠者。作何治罪。其
巫覡人等。盡行責令改業。勿使邪說誑惑民聽。　天
威所震。重寐當醒。人心既正。風俗可惇。見乾隆蘇州府志○按漢
名臣傳湯斌河南睢州人。順治九年舉進士。
康熙二十三年。充　大清會典總裁。旋擢江蘇巡撫。
二十五年三月。奏除吳中淫祀。請　賜特旨嚴禁。勒
石山巔。庶可永絕根株。疏上得　旨淫祠惑眾誣民。
有關風化。如所請勒石嚴禁。直
隸及各省有似此者。一體飭遵。

辨按五聖之祀。文正禁之。可謂嚴矣。何尺五廟貌。仍徧村墟耶。當文正撫吳時。惠政昭著。民德之建坊於胥門外。額曰。民不能忘。其坊至今。猶屹立河干。何淫祀之禁。而民乃忘之耶。

五嶽

引龍魚河圖曰。東嶽泰山（在山東泰安府）神。姓、圓名、常龍。南嶽衡山（在湖南衡州府）神。姓、丹名、靈峙。西嶽華山（在陝西同州府華陰縣）神。姓、浩名、鬱狩。北嶽恆山（在山西大同府渾源縣）神。姓、澄名、渭亭。中嶽嵩山（在河南河南府登封縣）神。姓、壽名、逸羣。呼之、令人不病。

又曰。東方太山將軍唐臣。南方霍山（按明一統志在安徽六安州霍山縣西北五里。唐以南嶽衡山遠阻。乃移嶽神於霍、而祀焉。一名衡山。又名南嶽山。）將軍朱丹。西方華山將軍鄒尚。北方恆山將軍莫惠。中央嵩高山將軍石玄恆。存之御所邪。
事物原會曰唐武后垂拱四年。封中嶽爲中天王
唐明皇玄宗先天中。封西嶽爲金天王。又開元十三
年。封東嶽爲天齊王。又天寶五年封南嶽爲司
天王。北嶽爲安天王
又曰。宋眞宗大中祥符間。加上東嶽曰天齊仁聖
帝。南嶽曰司天昭聖帝。西嶽曰金天順聖帝。北嶽曰
安天元聖帝。中嶽曰中天崇聖帝。又加上五嶽帝后
號。東曰淑明后。南曰景明后。西曰肅明后。北曰靖明

后。中曰正明后。五嶽稱帝號始此。嶽者地祇。祭壇而弗廟。五嶽總立廟。自拓跋氏元魏始。唐乃各立廟於五嶽之麓。東嶽之徧天下。則肇於宋之中葉。

重增搜神記載東嶽掌人世居民貴賤高下之分。生死之期。南嶽掌世界星辰分野之地。兼鱗甲水族龍魚之事。中嶽掌世界地澤川谷溝渠山林樹木之屬。西嶽掌金銀銅鐵五金之屬。鎔鑄爐冶。兼羽毛飛鳥之事。北嶽掌世界江河淮濟。兼虎豹走獸之類蛇虺昆虫等屬。

辨 按五嶽之神。同常龍等。有名有姓。且有配偶稱后者。（見上二百四十張）則常龍等。當是生於五嶽後之人。既是人。烏得爲五嶽之神。且封爲天王。始於唐之武后。明皇封爲聖帝。始於宋之眞宗。（見上二百四十張）常龍等爲已故之人。縱尊之爲王爲帝。總不能有鎭嶽之權。至所稱世人生死之期。禽獸昆虫之類。五金鑄冶之事。山林川澤之屬。五嶽神分司其事。（見上本張）更屬無稽。要知天地萬物。造之者惟上主。掌理者亦惟上主。雖曰上主亦派羣神分司萬彙。（見前百二十一張然所派者。非圓常能等已故之人。乃上主所造靈明純神也。趙宋諸君。惑於神幻。而東嶽之廟。遂徧天下。見上二百四十一張宋之貽悞於後世。豈淺鮮哉。

按晏子春秋載齊景公時大旱。乃召羣臣而問曰。天久不雨。民有饑色。寡人欲少賦斂。以祀靈山可乎。羣臣莫對。晏子字平仲。山東萊州府濰縣人。相齊景公。進曰。此不可。祠無益也。夫靈山固以石為身。茅為髮。天久不雨。髮將燋。身將熱。彼獨不欲雨乎。祠之無益。審是。山之無靈。祀之無益。晏子已言之切矣。

龍王

引妙法蓮華經載龍王有八。一難陀龍王。二跋難陀龍王。三娑伽羅龍王。四和脩吉龍王。五德叉迦龍王。六阿那婆達多龍王。七摩那斯龍王。八優鉢羅龍王。華嚴經載十大龍王。一毗樓博叉龍王。二娑竭羅龍王。三雲音妙幢龍王。四燄口海光龍王。五普高雲幢龍王。六德叉迦龍王。七無邊步龍王。八清淨色龍王。九普運大聲龍王。十無熱惱龍王。

讀書紀數畧載八部龍神。天龍。夜叉。乾闥婆。阿修羅迦樓羅。緊那羅。摩睺羅迦。人非人等。

文獻通考載唐肅宗至德二年。[illegible]詔修龍湫祠。昭應縣（今陝西西安府臨潼縣）令梁鎭上疏畧曰。夫湫者。龍之窟也。龍得水則神。無水則螻蟻之匹也。故知水存則龍在。水竭則龍亡。今湫竭已久。龍安所在。何必崇飾祠宇。

又載宋徽宗大觀四年。[illegible]詔天下五龍神。皆封王爵。靑龍神封廣仁王。赤龍神封嘉澤王。黃龍神封孚應王。白龍神封義濟王。黑龍神封靈澤王。

格致鏡原引遊名山記載茆山有龍池。池不甚廣。小黑龍十數遊其中。取觀之。長僅三寸。昂首四足。目精爛然。腹有丹書。而無牝牡。蓋蜥蜴類也。每歲旱禱雨輒應。今與山之神同著祀典。

洛陽伽藍記載西方烏場國西有池。龍王居之。池邊有一寺。五十餘僧。龍王每作神變。國王祈請。以金玉珍寶投之池中。在後涌出。令僧取之。此寺衣食待龍而濟。世人名曰龍王寺。

封神演義載龍王名敖光。龍王子名敖丙。商紂時總兵李靖子名哪吒。與小龍王敖丙鬪。將丙打死。抽出龍觔。作爲腰帶。老龍王敖光聞之。大怒曰。吾兒乃興雲步雨。滋生萬物之正神。何得被殺。卽來與哪吒鬬。哪吒又將敖光打倒。以足踏住。剥去其衣。見有鱗甲。遂抓去其鱗。鮮血淋漓。龍王不忍疼痛。哀求饒命。哪吒令龍王化一小青蛇。置於袖。攜之而歸。

明史禮志載明孝宗弘治元年。始禮官言。青龍神者。記云。有僧名盧。寓西山。有二童子來侍。時久旱。童子入潭。化二青龍。遂得雨。後賜盧號曰感應禪師。建祠設像。別設龍祠於潭上。宣宗宣德中。建大圓通寺。

加二龍封號。春秋祭之。邇者連旱祈禱無應。不足崇奉明矣。

聊齋志異新評註曰。金龍四大王。姓謝名緒。居錢塘縣屬浙江杭州府安溪。宋謝太后理宗后姪也。三宮北行。緒投苕溪在浙江杭州府餘杭縣死。門人葬其鄉之金龍山。明太祖呂梁江蘇徐州府之捷。緒顯靈助焉。遂敕封金龍四大王。立廟黃河之上。緒父生四子。紀綱統緒。緒居季。故號四大王。

蘇州府志載白龍神廟在陽山。按明一統志山在蘇州府城西北三十里。

初在山巔。宋太平興國（太宗）中。移建於山南曹巷。熙寧（神宗）九年。又遷於此。紹興（高宗）二十九年。賜靈濟廟額。乾道（孝宗）四年。封龍母爲顯應夫人。後又屢封龍神爲忠烈昭應廣惠靈豐公。龍母爲顯正孚順聖善妃。宋胡偉內龍廟碑云。相傳東晉隆安（安帝）中。繆氏女因出歸途日暮。天欲雨。忽遇老人。詢姓氏居所。願假辟雨。待旦而前。語竟。失老人所在。已而有娠。父母惡而逐之。乞食於鄰。踰年產一肉塊。棄之水中。忽焉塊破化爲白龍。宛延母前。若有所告者。母驚仆地。

須臾雷雹晦冥。風雨交作。良久開霽。則白龍夭矯於山椒。俄頃復還產所。視母已死。乃飛騰而去。鄉民厚葬其母於此。今所謂龍冢是也。自是憑巫以求立祠。且言所產白龍。已廟食長沙。府屬湖南於是鄉民建廟於山巔。每歲三月十有八日。龍歸省母。前期旬日。天氣肅寒。四山煙雨。乍晴復合。正誕之辰。龍必見形。或長身尋丈。隱顯於眾山之上。或小如蜥蜴。依於廟貌。暴風雷雨。澍溝號木。則其驗也。

安徽通志載潁州府龍王廟。即張龍公祠。在府城東三十里祈雨輒應附錄宋蘇軾記云張公諱路斯隋之初家於潁上縣（屬安徽潁州府）百社村年十六中明經科唐景龍（中宗年號）中為宣城（縣屬安徽寧國府）令以才能稱夫人石氏生九子自宣城罷歸常釣於焦氏臺之陰一日顧見釣處有宮室樓殿遂入居之自是夜出旦歸歸輒體寒而濕夫人驚問之曰我龍也蓼人鄭祥遠亦龍也與我爭此居明日當戰使九子助我領有絳綃者我也青綃者鄭也明日九子以弓矢射青綃者中之怒而去公亦逐之所過為溪谷以達於淮而青綃

者。投於合肥（縣屬安徽廬州府）之西山以死。為龍穴山。（按明一統志在廬州府城西一百三十里）九子皆化為龍。而石氏葬闔洲公之兄。為馬步使者。子孫散居潁上。其墓皆存焉。自景龍以來。潁人世祠之於焦氏臺。乾寧（昭宗年號）中。始大其廟。有宋熙寧（神宗年號）中。詔封昭靈侯。石氏柔應夫人。元祐（哲宗年號）六年秋。旱甚。郡守蘇軾與吏民禱焉。其應如響。乃益治其廟。作碑而銘之。

（辨）按難陀等八龍王。又毗樓博叉等十大龍王。又天龍等八龍神。（見上二百四十三張）彼龍王龍神。二十有餘。

不知自爲龍王乎、抑別有使之者乎。且不知分有疆域。各司其地乎、抑各恃勇力、彼此攘奪乎。試問諸爲此說者。必無詞以對也、世之敬龍王者。曷弗一究其來歷乎。

按龍得水則神。無水則亡。與螻蟻同。見上二百四十三張然旣無水則亡。卽有水亦不得爲神。蓋如爲神。當無繫於水之有無也。宋徽宗敕封五色龍爲五王。見上二百四十三張妄甚矣。

按三寸許之小黑龍。如蜥蜴類者。歲旱禱之卽雨見上二百四十四張此說尤妄。彼區區小蜥。乃水族中之冥頑不靈者。烏乎知人之禱己而施雨哉。

按龍王寺內五十餘僧之衣食。貲給於供祀龍王各物。見上二百四十四張此說極確。蓋龍之爲神。僧神之。藉以漁利。又烏知今之龍王寺。非若是哉。

按龍王父子被哪吒抽筋刮鱗。令化爲小蛇。見上二百四十四張此事雖屬誕妄。然亦足證龍王之無稽焉。

按童子入潭。化爲青龍。謝緒投溪。封爲龍王。繆氏女所產肉塊怪胎。塊破化爲白龍。張路斯垂釣焦毫戰勝青綃龍。而化為絳綃龍。俱能顯靈致雨。隨禱輒應。見上二百四十四張種種誕妄。衡之以理。不辨自明。蓋事有果然。必有其所以然。無其所以然。不得有其果然。彼童子怪胎謝緒張路斯等。無化龍致雨之所以然。烏得有其果然。怪胎肉塊。投水自盡。持竿垂釣。與化龍致雨。毫無干涉。即禱後偶或一雨。亦適逢其會。非因禱而然。乃好事者。藉一適逢之事。强為牽合。緣飾以神之。更託名士筆記以誇之。沿謬相傳。遂信有其然。殊未衡之以理矣。且陽山龍神廟。鄉民建之。因巫祝矯言神求立祠。妖妄之言。而可信乎。則他處龍王之廟祀。均可以之類推矣。

按任昉述異記。載漢和帝元年。大雨。有一青龍墮於宮中。帝命烹之。賜羣臣龍羹各一杯。夫龍果稱神。能興雲致雨。何得遭此刀俎之慘。以作羹湯。彼信龍爲神者。何亦聞有烹龍之羹乎

按宋史胡穎（字叔獻。湖南長沙府湘潭縣人。）仕於南宋度宗朝。爲人正直剛果。博學強記。不喜邪佞。惡言神異。所

至。毀淫祠數千區。以正風俗。衡州（屬湖南省）有靈祠吏民夙所畏事。頡撤之。潮州（屬廣東省）僧寺有大蛇能驚動人。前後仕於潮者。皆信奉之。前守去。州人心疑焉。以為未嘗詣也。已而旱。咸咎守不敬蛇神。故致此。後守不得已詣焉。已而蛇蜿蜒而出。守大驚。得疾。旋卒。頡至廣州（屬廣東省）聞其事。檄潮州令僧舁蛇至。至則其大如柱而黑色。載以闌檻。頡令之曰。爾有神靈。當三日見變怪。過三日。則汝無神矣。既及期。蠢然猶眾蛇耳。遂殺之。毀其寺。并罪僧。考歷代之好神異者。惟趙宋為最。而胡穎獨能不為流俗所動。洵當時之卓卓者也。彼潮州所敬之大蛇。固猶是常蛇耳。所稱有神靈。并能驚人。乃好事者。緣飾神奇。附和其說。愚民不察而信之。竟牢不可破。縱有一二明哲。洞悉其妄。亦莫敢誰何。而穎不為哄傳而熒惑。不因眾惑而委徇。令僧舁蛇至。當眾驗其妄。殺之。毀寺。罪僧。穎誠正直剛果矣哉。今俗所稱之神龍。亦不過如潮州之大蛇。惜宋之胡穎。不再見於今時耳。

按今俗因亢旱而禱雨。好事者塑一泥龍。繪以鱗甲鬚角。置於板。八人舁之以行。前有二人。各執一大旗。旗之兩面。一書衆善兩字。一書求雨兩字。後有數十人。或執柳枝。或執香把。跳躍尾隨。此俗北方更尚。攷《神農求雨書》曰。甲乙日不雨。命爲青龍。東方小童子舞之。丙丁不雨。命爲赤龍。南方壯者舞之。戊己不雨。命爲黃龍。中央壯者舞之。庚辛不雨。命爲白龍。西方老人舞之。壬癸不雨。命爲黑龍。北方老人舞之。如此不雨。闔南門。置水其外。開北門。取八骨埋之。見事物原會又山海經曰。應龍。郭注龍有翼者。處南極。殺蚩尤吳注黃帝使應龍殺蚩尤。不得復上。郭注應龍遂住地下。故下數旱。郭注上無復下雨者故也。旱而爲應龍之狀。乃得大雨。郭注今之土龍本此。又淮南子曰。土龍致雨。注湯遭旱。作土龍以象龍。雲從龍。故致雨。見子史精華今俗因旱求雨。而舁土龍。蓋本乎此。但此不經之說。於理終不可信。又無考証。故宋臣吳元扆斥之。宋史吳元扆傳元扆。字君華。山西太原府太原縣人。宋太宗太平興國八年。尚太宗第四公主。眞宗咸平中。知定州。屬直隸歲旱。吏白召巫以土龍請雨。元辰曰。巫本妖民。龍止獸也。安能格天。惟精誠可以動天。審是。興雲施雨。乃大造獨掌其權衡。非龍所能為役也。況土塑之龍哉。今俗舁土龍以行。跳躍尾隨。直兒戲也。

按席上腐談曰。北方有牛王廟。畫百牛於壁。而牛王居其中。問牛王為何人。曰乃冉伯牛。牛王之說。令人絕倒。龍王之說。得毋類是。

引王充論衡龍虛篇曰。盛夏之時。雷電擊折破樹木。發壞室屋。俗謂天取龍。謂龍藏於樹木之中。匿於屋室之間也。雷電擊折樹木。發壞室屋。則龍見於外。龍見。雷取以升天。世無愚智賢不肖。皆謂之然。如考實之。虛妄言也。夫天之取龍何意耶。如以龍神爲天使。猶賢臣爲君使也。反報有時。無爲取也。如以龍遁逃不還。非神之行。天亦無用爲也。如龍之性當在天。在天上者。固當生子。無爲復在地。如龍有升降。降龍生子於地。子長大。天取之。則世名雷電爲天怒。（按事文類聚引語錄程頤曰。霹靂。天地之怒氣也。）取龍之子。無爲怒也。且龍之所居。常在水澤之中。不在木中屋間。何以知之。叔向之母曰。叔向。晉大夫。見左傳襄公二十一年深、山、大、澤。實、生、龍、虵。俗蛇字傳曰。山致其高。雲雨起焉。水致其深。蛟龍生焉。傳又言禹渡於江。黃龍負船。按呂氏春秋。禹自塗山南省濟江。黃龍負舟。舟人恐。禹仰而笑曰。受命於天。奈何憂耶。龍乃弭耳而逝。按路史。今金陵公安江。有地名龍巢者。乃龍負夏后舟處也。按經傳釋義塗山今安徽鳳陽府懷遠縣東南。東海之上有菑丘訢。菑同菑。注菑或作曾。○博物志作菑丘訢。勇而有力。出過神淵。使御者飲馬。馬飲因沒。訢怒。拔劍入淵追馬。見兩蛟方食其馬。手劍擊殺兩蛟。按韓詩外傳。東海有勇士曰菑丘訢。以勇猛聞於天下。遇神淵。曰飲馬。其僕曰。飲馬於此。馬必死。曰以訢之言飲之。其馬果沉。菑丘訢去朝服。拔劍而入。三日三夜。殺三蛟一龍而出。雷神隨而擊之。十日十夜。眇其左目。由是言之。蛟與龍。常在水淵之中。不在木中屋間明矣。在淵水之中。則魚鼈之類。魚鼈之類。何爲上天。天之取龍。何用爲哉。如以天神乘龍而行。神恍惚無形。出入無間。無爲乘龍也。如仙人騎龍。天爲仙者取龍。則仙人含天精氣。形輕飛騰。若鴻鵠之狀。無爲騎龍也。世稱黃帝騎龍升天。路史發揮曰。或問黃帝服神丹已。龍來迎之去。夫子紀其爲死。豈其然耶。曰。有以明之。昔公仲承問於程子曰。人常言黃帝采銅首山。作大鑪焉。鑄神鼎於山上。鼎成。羣龍下迎。乘彼白雲。至於帝鄉。小臣不得上昇。攀龍之胡。力顫而絕。信有之乎。程子曰。否。甚矣。世之好譎怪也。此言蓋虛。猶今謂天取龍也。且世謂龍升天者。必謂神龍。不神。不升天。升天。神之效也。天地之性。人爲貴。則龍賤矣。貴則不神。賤則反神乎。人爲倮蟲之長。龍爲鱗蟲之長。俱爲物長。謂龍升天。人復升天乎。夫龍有形。有形則行。行則食。能行食之物。不得爲神。何以言之。龍有體也。傳、言、鱗、蟲、三、百。龍、爲、之、長。龍、爲、鱗、蟲、之、長。安、得、無、體。何以言之。孔子曰龍食於清。游於清。龜食於清。游於濁。魚食於濁。游於清。丘上不及龍。下不爲魚。中止其龜與。山海經言四海之外。有乘龍虵之人。世、俗、畫、龍、之、像。馬、首、虵、尾。由此言之。馬、虵、之、類、也。愼子（按史記注。愼到周末㸚時。楚人。學黃老術。著十二論。）曰。蜚龍乘雲。騰虵游霧。雲罷雨霽。與螾、蟻、同、矣。韓子（按史記注。韓非。韓之諸公子。喜刑名法術之學。韓王安五年。㸚非使於秦。九年秦虜王安。韓非亡。著書十二卷。）曰。龍、之、爲、蟲、也。可、狎、而、騎、也。然喉下有逆鱗尺餘。人或嬰之。必殺人矣。比之爲螾蟻。又言蟲可狎而騎虵馬之類明矣。傳曰。紂作象箸而箕子泣。泣之者。痛其極也。夫有象箸。必有玉杯。玉杯所盈。象箸所挾。則必龍肝豹胎。夫龍肝可食。其龍難得。難則愁下。愁下則禍生。故從而痛之。如、龍、神、其、身。不、可、得、殺。其、肝、何、可、得、食。食獸肝胎非一。稱龍肝豹胎者。人得食而知其味美也。春秋之時。昭公二十九年龍見於絳郊。晉國都。今山西平陽府翼城縣魏獻子晉大夫問於蔡墨晉太史曰。吾聞之。蟲莫智於龍。以其不生得也。謂之智。信乎。對曰。人實不知。非龍實智。言龍無智。乃人不知耳。蓋龍可生得也。古者畜龍。故國有豢龍氏。有御龍氏。春秋正義曰。穀食曰豢。養犬豕曰豢。御與圉同。養馬曰圉。蓋龍亦穀食也。獻子曰。是二氏。吾亦聞之而不知其故。不知其典故也。是何謂也。對曰。昔有飂叔安。飂古國也。叔安。其君名。有裔子曰董父。實甚好龍。能求其嗜欲以飲食之。龍多歸之。乃擾。順也馴也畜龍。

以服事舜。而錫之姓曰董。氏曰豢龍。豢龍。官名。官有世功。則以官氏。封諸鬷川。鬷夷氏是其後也。故帝舜氏世有畜龍。及有夏孔甲。少康後九世君擾於帝。按左傳註其德能順於天帝賜乘龍。河漢各二。各有雌雄。四龍一乘。此言天帝賜孔甲以四龍。河漢之龍各二。合爲四。即河龍二。漢龍二。又各雌一雄一也。孔甲不能食也。而未獲豢龍氏。孔甲得龍。而不能飲食之。又不得豢龍氏以畜之。有陶唐氏既衰。其後有劉累學擾龍於豢龍氏。以事孔甲。能飲食之。夏后孔甲嘉之。賜氏曰御龍。以更代也豕韋之後。龍一雌死。潛醢以食。夏后。左傳杜註曰。潛藏也。藏以爲醢。明龍不知。夏后亨之。既而使求。求致龍也。懼而不得。遷於魯縣。不能致龍。故懼遷魯縣。今河南汝州魯山縣。范氏。晉國之范氏其後也。由此言之。龍可畜又可食也。可食之物。不能神矣。以山海經言之。以愼子韓子證之。以世俗之畫驗之。以箕子之泣訂之。以蔡墨之對論之。知龍不能神。不能升天。天不以雷電取龍明矣。世俗言龍神而升者。妄矣。世俗之言。亦有緣也。見雷電發時。龍隨而起。當雷電樹木擊之時。龍適與雷電俱在樹木之側。雷電去。龍隨而上。故謂從樹木之中升天也。實者。雷與龍同類。感氣相致。故易曰。雲從龍。風從虎。夫盛夏太陽用事。雲雨干之。太陽火也。雲雨水也。火激薄則鳴而爲雷。龍聞雷聲則起。起而雲至。雲至而龍乘之。人見其乘雲。則謂升天。見天爲雷電。則謂天取龍。天不取龍。龍不升天。嘗菑丘訢之殺兩蛟也。手把其尾。拽而出之。至淵之外。雷電擊之。蛟則龍之類也。如以天實取龍。龍爲天用。何以死蛟爲取之。然則龍之所以爲神者。以能屈伸其體。存亡其形。屈伸其體。存亡其形。未足以爲神也。豫讓吞炭。漆身爲厲。音賴同癩人不識其形。子貢滅鬚爲婦人。人不知其狀。龍變體自匿。人亦不能覺。變化藏匿者。巧也。如以巧爲神。豫讓子貢。神也。孔子曰。游者可爲網。飛者可爲矰。至於龍也。吾不知其乘風雲上升。今日見老子。其猶龍乎。夫乘雲而上。雲消而下。物類可察。上下可知。而云孔子不知。以孔子之聖。尚不知龍。況俗人智淺。好奇之性。無實考之心。謂之龍神而升天。不足怪也。

（辨）按世俗以龍爲神。且夸大之而神其能。竟以爲超乎萬彙之物。而漢儒王充（見後三百十二張）辨其妄。謂龍不神不智。生於深山大澤。特鱗蟲之長。實魚鼈之屬。馬蚍之等。與蛟同類。可生得。可豢畜。可狎而騎。可殺而醢爲餚也。充之論反覆申辨。備詳其說。但充又謂雷電發。龍隨之起。雷電去。龍隨之上。龍聞雷聲則起。起而雲至。雲至而龍乘之。實者雷與龍同類。感氣相致云云。充所謂龍起乘雲。蓋卽如韓退之所謂龍噓氣成雲。茫洋乎元間。薄日月。伏光景。感震電。神變化。水上下。汩陵谷。又如世俗所謂龍掛吸水。望之如黑雲下垂。海水上升之天像乎。充以此天象中。謂有龍在。猶未明此天象之所以然。吾嘗聞諸格物士矣。謂電氣聚於雲間。海水之中。兩處相吸。致有此象。可以巨礮轟之而散。非有龍在其間也。或曰。轟之而隱者。正龍驚而遁也。曰。非也。轟擊之頃。見其散。不見其遁也。由此言之。龍也者。使深山大澤。果有此物。亦不過蛟虵之類。不神不智者也。世俗之神其說者。誠如王充所謂止有好奇之性。而無實考之心耳。

福神

引重增搜神記載福神者。本道州(屬湖南永州府)刺史。姓陽名城。字昔溪。武帝愛道州矮民。以爲宮奴坑戲。其道州民被選侏儒者。每歲貢納不下數百人。使祖孫父母。與子生別。刺史陽城守郡。具表上奏云。臣按五典。皇上只有矮民。而無矮奴。武帝感悟。自後更不復取。其郡人立祠繪像。供爲本州福神。後天下士庶黎民。皆繪像敬之。以爲福祿神也。

(唐書載陽城字亢宗。定州北平人。徙陝州夏縣。仕唐德宗[illegible]朝爲道州刺史。州産侏儒。歲貢諸朝。城哀生離無所進。帝使求之。城奏曰。州民盡短。若以貢。

不知何者可貢。自是罷州人感之。以陽名子。〇北平縣。今直隸保定府完縣東南。夏縣。今屬山西解州。

【辨】按道州民病於納選爲宮奴。刺史陽城上奏。遂止貢納。郡人德之。立祠敬爲福神。（見上本條）夫福神者。謂其能福人也。陽城奏止納奴。如以此爲福。亦惟福中之一端耳。亦惟福之於道州民耳。陽城爲刺史。加福於其所治。亦其分也。況今已作古人。而世謂能福天下之人。亦奢望焉矣。

按世俗大書福字。粘於門。懸於壁。謂此字能致福迎祥。并因福爲無形可象。乃圖蝙蝠以肖之字也蝠也。乃神之。試問果能致福乎。其惑不亦甚哉。

財神　接路頭

【引】顧祿清嘉錄云。三月十五日。爲元壇神誕辰。謂司財神。能致人富。故居人多塑像供奉。又謂神回族。不食豬。每祀以燒酒牛肉。俗稱齋元壇。案。北方色黑。元壇卽北郊之壇。蓋以所祭之地名之。【姑蘇志】云。神姓趙名朗。字公明。趙子龍（按三國志蜀書。趙子龍名雲。直隸眞定縣人。從劉先主行軍。忠勇兼著。後主建興七年卒。謚順平侯。）之從兄弟。不知何本。

【又】云。正月五日爲路頭誕辰。金鑼爆竹。牲醴畢陳。以爭先爲利市。必早起迎之。謂之接路頭。案。【無錫縣志】

五路神姓何名五路。元末。禦倭寇死。因祀之。今俗所祀財神。曰五路。似與此五路無涉。或曰卽陳黃門侍郎先希馮按陳書顧希馮名野王。蘇州人。仕梁武帝太清二年。侯景起亂。希馮丁憂在籍。募義軍援京邑。梁亡。仕陳。累官黃門侍郎。宣帝十三年卒。○按蘇州府志顧野王墓在楞伽山。公之五子。當黃門建祠翠微之陽。并祀五侯。明初。號五顯靈順廟。曰顯聰。顯明。顯正。顯直。顯德。姑蘇上方山卽楞伽山香火尤盛。號爲五聖。康熙間。湯文正斌巡撫江蘇。毀上方祠。不復正五顯爲五通之所謟而祀者皆有禁矣。見前三百三十七張因更其名曰路頭。亦曰財神。子謂今之路頭。是五祀中之行神。所謂五路。當是東西南北中耳。

封神演義載姜子牙（按尚友錄子牙名尚。河南衛輝府汲縣人。佐周克商。封於齊。）相武王伐紂。峨嵋山道仙趙公明助商五夷山散人蕭昇曹寶助周交戰。各行道術。公明將縛龍索定海珠祭於空際。蕭昇將落寶金錢。向空拋擲。索珠隨錢墮地。即被曹寶搶去。公明奔回商營。子牙束草像人。上書趙公明三字。築臺置之。親自披髮仗劍。焚符念咒。向臺叩拜。每日兩次。至二十一日。取桑弓桃箭。射草人兩目及心坎。公明在營。初則恍惚不安。沉迷昏睡。至是。舉聲大喊。頓時氣絕。周克商後。子牙往崑崙山玉虛宮。請得元始天尊（見前五十七張）玉符金冊。回岐登封神臺。敕封陣亡忠魂。乃封趙公明爲金龍如意正一龍虎玄壇眞君。統率招寶天尊蕭昇納珍天尊曹寶招財使者喬有明。利市仙官姚邇盆四神。迎祥納福。追逃捕亡。

【辨】按俗祀之財神。或爲北郊祀之回人。或爲漢人趙朗。或稱元人何五路。或稱陳人顧希馮之五子。

聚訟紛如。各從所好。或渾稱曰財神。不究伊誰。總之生財致富。非若輩所主。雖爆竹牲醴。日日迎之。而禱非所司。徒切奢望耳。

按俗稱財神曰趙玄壇。即係封神傳所載姜子牙行術射斃之趙公明。後封爲玄壇眞君。荒誕不經。莫此爲甚。敬之者。一聞其來歷。當必啞然失笑。查太平廣記謂妖書云。上帝以三將軍趙公明督數萬鬼。下取人。此趙公明之名所自來。稱爲鬼將軍。已屬荒幻。而復揑爲財神。此直妄而又妄也。或曰。

封神傳一書。久資覆瓿。即著作家偶有齒及。亦深斥其無稽。何庸縷辨爲。曰。是書拉襍誕妄。固不足道。然其委婉志怪。誑惑顓蒙。幾與干寶搜神記李昉太平廣記。並駕齊驅。此意存闢妄者。所由不憚言煩。而爲信之者反覆申辨。原非爲鄙之者告耳。

按史稱鉅富者。有陶朱公與猗頓。朱公者。越之范蠡也。佐越王勾踐滅吳成功。歸隱。乘扁舟浮江湖。之陶。爲朱公。（孟康曰。陶即山東曹州府定陶縣。）以陶爲天下之中。諸侯四通。貨物所交易也。迺治產積居。與時逐。（顏師古曰。預居貨物。（隨時而逐利。）十九年中。三致千金。而再分散與貧友昆弟。後年衰老。聽子孫修業而息之。（顏師古曰。息。生也。）遂致鉅萬。故言富者稱陶朱公。（見漢書）時有猗頓者。曾之窮士也。聞陶朱公富。往而問術焉。朱公告之曰。子欲速富。當畜五牸。（音字。牸牛）頓大畜牛羊十年之間。滋息不可計。貲擬王公。（見孔叢子）由此觀之。致富之術。乃治產積貨。牧畜滋息。非敬奉財神者所得希冀也。

開路神

（引）（重增搜神記）載開路神君。乃（周禮）之方相氏是也。

按（周禮夏官）方相氏狂夫四人。（註）方相。可畏怖相傳貌。（疏）蒙熊皮。黃金四目。玄衣朱裳。執戈揚盾。

軒轅黃帝周遊九垓。元妃嫘祖死於道。令次妃嫫姆監護。因置相以防夜。蓋其始也。俗名險道神。一名阡陌將軍。其神身長丈餘。頟廣三尺五寸。鬚赤面藍。頭戴束髮金冠。身穿紅戰袍。腳穿皂皮靴。左手執玉印。右手執方天畫戟。出柩以先行。能押諸凶煞。惡鬼藏形。行柩之吉神也。

前漢書載顏師古注曰。昔黃帝之子纍祖。好遠遊而死於道。故後人以為行神也。

封神演義載開路神。乃方相也。方相與兄方弼。俱係商紂幽朝之武臣。弼長三丈六尺。相長三丈四尺。赤面四眼。勇力兼人。時紂王之太子殷郊殷洪。觸父王怒。紂令誅之。弼相將二太子背負逃奔。（見前百一又後三百十一張）日行三千里。繼因路資無措。請太子自行前往。弼相至黃河邊。用一木筏。攬渡行人。任意勒索。武斷度日。會有周將散宜生。向靈寶法師。借得定風珠。回至渡口。彌相渡之過河。即將定風珠搶去奔逸。散宜生莫之誰何。未幾叛商歸周之武將黃飛虎追至。着令還珠。彌相將珠奉還。飛虎勸彌相歸順姬周。彌相即隨飛虎至西岐。周相姜子牙。乃令方彌破風吼陣。商將董天君上神臺。將黑旗一搖。突來萬千刀兵。方彌四肢。忽裂數段。跌倒而死。姜子牙又令方相破落魂陣。商將姚天君上神臺。取黑沙一撒。方相大叫一聲。登時氣絕。迨周克商後。姜子牙見前二百六十張敕封方彌爲顯道神。方相爲開路神。

辯按黃帝時。方相係守柩防夜者。身長丈餘。額廣三尺。鬚赤面藍。能制惡鬼。見上二百六十二張據此。方相係防夜賤役。何足稱道。所稱能制惡鬼。或因其長身大頭。赤鬚藍面。形狀獰惡。得以駭怖小鬼乎。然言之不經。豈眞有其人。豈眞有其事哉。至死於道之纍祖爲行神。見上二百六十二張亦屬無謂。

按商末時。方相在黃河邊把持壟斷。搶劫行人。後因死於陣。姜子牙封之爲開路神。見上二百六十二張據此。方相來歷。如是其不足齒盞。方相之爲開路神。第要於路而行刦耳。姜子牙封爲開路神。葢戲之耳。

神荼鬱壘　桃符

引　風俗通載按黃帝書。上古之時。有荼與鬱壘昆弟二人。性能執鬼。度朔山上章桃樹下。簡閱百鬼無道理。妄爲人禍害。荼與鬱壘縛以葦索。執以食虎。於是縣官常以臘除夕。飾桃人垂葦茭。畫虎於門。皆追效前事冀以衛凶也。

事文類聚前集引山海經載東海度朔山有大桃樹。蟠屈三千里。其卑枝向東北。曰鬼門。萬鬼出入也。有二神。一曰神荼。一曰鬱壘。主閱領衆鬼之出入者。執以飼虎。於是黃帝法而像之。因立桃板於門戶。上畫神荼鬱壘以禦兇鬼。此門桃板之制也。蓋其起自黃帝。故今世畫神像於板上。猶於其下書左神荼右鬱壘。以元日置之門戶也。

〔辨〕按神荼鬱壘兄弟二人。在蟠屈三千里之桃樹下。捉鬼飼虎。後人隨畫其像於桃板。置於門戶。以禦兇鬼。此為桃符之始。據此。桃符之說。甚屬不經。彼神荼鬱壘為誰。捉鬼之權。孰與之。所稱以鬼飼虎。更屬荒遠。況神荼等捉鬼。亦惟於蟠屈三千里之桃樹下。不分其身於城鄉各家戶口也。且人烟稠密之處。無虎可飼。所捉之鬼。應亦無用。世之懸桃符於門者。當亦知其妄矣。

門神將軍

引重增搜神記載門神係唐將秦叔寶胡敬德。西遊記稱胡敬德卽尉遲敬德按傳唐太宗朕不豫。寢門外拋磚弄瓦。鬼魅呼號。三十六宮。七十二院。夜無寧靜。太宗懼。以告羣臣。秦叔寶出班奏曰。臣平生殺人如剖瓜。積屍如聚蟻。何懼魍魎乎。願同胡敬德戎裝立門以伺。報可。夜果無驚。太宗不忍二將守夜無眠。乃命畫工圖其像。手執玉斧腰帶鞭鍊弓箭。一如平時。懸於宮掖左右門。邪祟遂息。

顧祿清嘉錄云。門神。俗畫秦叔寶尉遲敬德之像。彩
印於紙。小戶貼之。案趙與時賓退錄云。除夕用鎮殿
將軍二人。甲冑裝門神。亦曰門丞。道家謂左曰門丞。
右曰戶尉。吳穀人新年雜詠小序云。門爲五祀之一。
司門之神。昉自桃符。以神荼鬱壘能辟邪也。見前二百六十
四張靖康宋欽宗惟以前。汴中。河南省垣門神多番樣。戴虎頭盔。
王公之門。至以渾金飾之。雜志又稱後世多畫將軍
朝官。復加爵鹿蝠喜寶馬瓶鞍之狀。繪爵樽。借作爵秩。鹿。借音榮祿。
蝙蝠。借音景福。喜鵲。借作喜慶。元寶。借音馳報。馬。借
作驛馬。瓶鞍。借音平安。繪此八事。取爵祿福喜報馬

平安八字之義。皆取美名以迎嘉祉。家雪亭土風錄云。俗多用秦叔寶尉遲敬德。葢本唐小說。吳縣志謂門神彩畫五色。多寫溫岳二神之像。盧志除夜夜分易門神。

辨按重增搜神記所述胡敬德秦叔寶守門鎮鬼。本於唐小說西遊記。西遊眞詮闢太宗病篤。狂言見鬼。夜聞寢宮外。鬼魅呼號。抛磚弄瓦。胡敬德即尉遲公。與秦叔寶奏准介冑執鉞鎮守。夜即安靜。太宗不忍秦胡守夜辛苦。因令繪彼眞容。貼於寢門。邪祟遂息。後聞後宰門外鬼擾。令魏徵看守。旋亦寧靜。查西遊記。係邱處機元史邱處機山東登州府棲霞縣人。自號長春子。好釋老。嘗諫元太祖成吉思嘛以天道好生。畋獵非宜。太祖罷獵。所作。原與水滸平妖小說。一般弔詭。荒誕不經。盡人知之。無庸贅辨。

按唐書叔寶（唐書秦叔寶名瓊。山東歷城人。從唐太宗戰伐有功。累官左武衛大將軍。貞觀十二年卒。封胡國公。圖像凌煙閣。）敬德（唐書尉遲敬德名恭。山西朔州人。從唐太宗征討。善避矟。單騎入敵。羣刺不能傷。功封鄂國公。圖像凌煙閣。高宗顯慶三年卒。年七十四。謚忠武。）爲唐之開國功臣。太宗令圖像凌煙閣。以旌其功。並非爲鎭壓邪祟也。且凌煙閣所圖文武功臣。計有二十四人。（唐書長孫無忌。李孝恭。杜如晦。魏徵。房玄齡。高士廉。尉遲敬德。李靖。蕭瑀。段志元。劉宏基。屈突通。殷開山。柴紹。長孫順德。張亮。侯君集。張公謹。程知節。虞世南。劉政會。唐儉。李世勣。秦叔寶。）敬德居七。叔寶居末。好事者特舉此兩人爲門神。而魏徵（唐書魏徵直隸曲陽人。仕唐太宗朝。歷官秘書監。卒。諡文貞。圖像凌煙閣。）亦西遊記所稱鎮守後宰門外者。未與也。想以胡秦兩人平生武勇。牧豎皆知。尤易聳聽。致附會不經之談。愈傳愈怪。信之者曷弗一究耶。

按妖魔作祟。非勇力所能制。更非力士像所能鎮。俗稱唐宮夜擾。懸秦胡像。遂得安靜。如果有其事。可決當時非魍魎作祟。實秦胡矯勇伎倆。宋史載王琪（字君玉。四川成都府華陽縣人。仕宋仁宗朝。歷）知江寧府。（屬江蘇）先是。府多火災。或託以鬼神。人不敢救。琪令巡邏偵捕。

未幾。得姦人。誅之。火患遂息。審是。當唐宮夜擾。設有如王琪者在。秦胡之姦。應可立破矣。

按門神或又作温岳二神。想卽係温元帥岳鄂王。究其所本。實與秦胡同一荒唐。無須逐一置辨。温元帥見續編十四張。岳鄂王見續編一張。

按門神像。復加爵鹿蝠喜等狀。以迎嘉祉。但吉祥康泰。非物狀能致。事屬甚顯。惟爵祿等。本無形可象。而好事者。以同音之物象之。欲不識之無者。得一望而喻。想入非非。可謂至矣。

集說詮眞

第四冊

鍾馗

【引】天中記引唐逸史載唐明皇(玄宗)開元講武驪山(按明一統志在陝西西安府臨潼縣東南二里)還宮因痁(音苫熱瘧疾也)疾作。晝夢、一、小、鬼、衣絳犢鼻。(紅褲也)跣一足屨一足腰懸一屨搢一筠扇。盜上繡囊玉笛。繞殿奔戲。上叱問之。小鬼曰。臣乃虛耗也。上曰。未聞虛耗之名。小鬼曰。虛者望空。虛中盜物如戲。耗即耗人家喜事成憂。上怒欲呼武士。俄見、一、大鬼。破帽藍袍。角帶朝靴。徑捉小鬼。而刳其目。擘而啖之。上問、大、鬼。對、曰。臣、鍾馗係、終南山、(在陝

（陝西西安府）進士。因武德（唐高祖年）間。應舉不捷。羞歸故里。觸殿階而死。奉旨賜綠袍以葬。感恩矢誓。與吾王除天下虛耗妖孽之事。言訖夢覺。痁疾頓瘳。乃詔畫工吳道子（見前百五十八張）如夢圖之。道子奉旨。恍若有覩。立筆成圖。進呈。上視久之。撫几曰。是卿與朕同夢。賜以百金。

正字通曰。宋禁中舊有吳道子所畫鍾馗像。卷首唐人題云。明皇（玄宗）開元講武驪山。還宮不懌。痁作。夢大鬼制小鬼。命吳道子（見前百五十八張）畫之。熙寧（宋神宗）五年。收上令畫工摹搨鋟板。賜兩府輔臣各一本。是歲除夜。遣內供奉官梁楷就東西府給賜鍾馗像、唐逸史載明皇因疾晝夢鬼藍袍曰。臣終南山進士鍾馗。除天下虛耗之孽。詔吳道子畫之。賜二府。其說未詳。漢有李鍾馗。隋將有喬鍾馗。楊鍾馗。李石曰、北史堯暄本名鍾馗。字辟邪。胡應麟筆叢曰。六朝已有鍾馗。後人附會爲作傳。如北史及唐人張鍾馗諸取名者。皆以鬼神爲名也。據諸說。鍾馗之名。非始於唐開元也、野人閒話載昔吳道子畫鍾馗。衣藍衫。鞹一足。眇一目。腰一笏。巾裹而蓬髮垂鬢。左手捉一鬼。以右手第二指剜鬼眼睛。筆蹟遒勁。實有唐之神妙。有得之者。以獻偽蜀主。後蜀主孟昶。見後二百八十五張甚愛重之。懸於內寢。一日召黃筌。令看之。筌一見。稱其精妙。謝恩訖。昶謂曰。此鍾馗若拇指大指搯鬼眼睛。則更有力。試為我改之。筌曰。吳道子所畫鍾馗。一身之力。氣色眼貌。俱在第二指。不在拇指。故不敢輒改。筌今別畫。雖不及古人。一身之力意思。併在拇指。昶賞筌之能。賜以綵緞銀器。

（辨）按唐明皇患瘧。晝夢大鬼制小鬼。自稱進士鍾馗來除妖孽。明皇詔繪其像。宋神宗又令鏤板摹搨。分賜諸臣。見上二百六十八張據此。世傳鍾馗捉鬼。始於明皇之夢。第患瘧而夢。非淸夢也。蓋熱甚而昏也。昏時所見幻形。可信乎。抑不可信乎。唐宋之君。均令摹像。分賜諸臣。蓋亦玩戲而已。詎沿襲後世、信爲果有其事。將鍾馗像爭懸於家。責其捉鬼。此亦以訛傳訛之也。

【引】陔餘叢考、載顧寧人謂世所傳鍾馗。乃終葵之訛。其說本於楊用修郞仁寶二人。（仁寶七修類稿）云。【宣和書譜釋道門載六朝古碣。得於墟墓間者。上有鍾馗二字。則非唐人可知。北史魏堯暄本名鍾葵。字辟邪。按北史堯暄字辟邪。山西潞安府長子縣人。本名鍾葵。後賜名暄。魏太武帝時擢爲中散。後賜爵平陽伯。孝文帝時卒。意葵字傳訛。而捉鬼之說。起於此也。用修丹鉛雜錄云。唐人戲作鍾馗傳。虛搆其事。如毛穎陶泓之類也。蓋因堯鍾葵字辟邪。遂附會畫鍾葵於門。以爲辟邪之具。又宗慤妹名鍾葵。後世因又有鍾馗嫁妹圖。但葵馗二字異耳。注此事見沈括筆談。宋仁宗皇祐中。金陵發一冢。有石誌。乃宗慤母鄭夫人。宗慤有妹名鍾葵。周禮考工記大圭終葵首。注齊人謂椎曰終葵。圭首六寸。爲椎以下殺。〔說文〕大圭長三尺。杼上終葵首。謂爲椎於杼上。明無所屈也。杼。閷也。銳也。滅削意。椎於杼上者。謂圭長三尺。其首六寸不閷。而如椎頭。六寸之下。兩畔殺去而銳。〔禮記〕〔玉藻〕天子搢珽〔注〕亦同云云。按〔玉藻〕天子搢珽方正於下也。〔注〕珽之笏也。謂挺然無所屈也。或謂之大圭。長三尺。杼上終葵首。終葵首者。於杼上又廣其首。方如椎頭。是謂無所屈。是用修之說、較仁寶更詳。則鍾馗由堯終葵字辟邪之訛。固屬有因。而大圭之終葵。何以轉爲人名之終葵。則未見的義。顧甯人乃引〔馬融廣成頌〕揮終葵、揚玉斧。謂古人以椎逐鬼。如大儺之執戈揚盾。此說近之。

葢終葵本以逐鬼。後世以其有辟邪之用。遂取爲人名。流傳既久。則又忘其爲辟邪之物。而意其爲逐鬼之人。乃附會爲眞有是食鬼之姓鍾名馗者耳。胡應麟筆叢。朱國禎湧幢小品。亦引堯終葵字辟邪。以爲鍾葵本辟邪之物。然俱不如寗人引馬融頌之融貫也。至用修謂唐人戲作鍾馗傳。則不詳載在何書。今按天中記引唐逸史。明皇因痁疾晝臥。夢一小鬼盜太眞香囊。及上玉笛。上叱問之。奏曰。臣乃虛耗也。能耗人家喜事成憂。上怒。欲呼武士。俄見一大鬼。破帽

藍袍。角帶朝靴。捉小鬼刳其目。劈而啖之。上問爾何
人。曰臣終南進士鍾馗也。武德中應舉不第。觸堦而
死。得賜綠袍以葬。感恩發誓。爲帝除虛耗妖孽之事。
言訖夢覺而疾遂瘳。乃詔吳道子畫之。見前百五十八張道
子沈思。若有所覩。成圖以進。上視之曰。是卿與朕同
夢也。唐逸史不可見。天中記所載。斯其故事矣。亦見
沈括筆談。然此事不辨可知其妄也。後魏北齊
及周隋閒。多有名鍾葵者。魏獻文帝時則有
枹罕鎭將楊鍾葵。又張袞之孫白澤。本名鍾葵。獻文

改名白澤。于勁亦字鍾葵。孝文時(때)有頓邱王李鍾葵。北齊武成時(때)有宦者宮鍾葵。後主緯(北齊主溫公때)時。有暮容鍾葵奔於周。隋煬(때)時。漢王諒反。有大將喬鍾葵。又隋宗室處綱之父名鍾葵。又魚俱羅與蜀將段鍾葵討平越巂蠻。唐(德宗時때)時。王武俊有將張鍾葵寇趙州。爲康日知所殺。古人名字。往往有取佛仙神鬼之類。以爲名者。張鍾葵無論。若楊鍾葵等。係六朝人。俱在唐前。倘食鬼之鍾馗。係唐武德(때)中進士。則楊鍾葵等之命名。何由逆知後世有是辟鬼之神。而

取之也哉。則天中記之說。眞附會也。然唐時則鍾進士食鬼之說盛行。甚至朝廷之上。每歲暮以鍾馗與歷日歷書同賜大臣。(注此亦起於唐明皇。見沈括筆談)劉禹錫字夢得。直隸定州人。唐文宗[illegible]時累官直學士。有代杜相公謝賜鍾馗歷日表云。圖寫威神。驅除羣厲。頒行元歷。敬授人時。又代李中丞謝表云。繪其神像。表去厲之方。頒以歷書。敬授時之始。至宋時猶然。神宗[illegible]於禁中。得道子所畫鍾馗。因鏤板以賜二府。然則訛謬相沿。已非一日也。又蘇易簡文房四譜云。虢州(今河南陝州靈寶縣南四十里)歲貢鍾馗二十枚。用修亦以爲卽〔考工記〕大圭終葵之義。謂硯形銳其首如圭耳。據此。則硯之銳者。亦名鍾馗。并不名終葵矣。胡應麟非之。以爲附會。然鍾馗列於文房四譜。則其爲硯之形製。而非造爲神像可知。至〔高江邨釋考工記注〕終葵謂蔓生之物。葉圓而厚。圭首之圓厚如之。故以爲名。此未免臆說。顏之推曰。北齊有一士。讀書不過二三百卷。嘗出境聘。東萊王韓問玉珽杼上首終葵。首當作何形。答曰。珽頭曲圓。勢如葵葉耳。韓爲忍笑。江村之云。毋乃類是。要之。但據〔考工記注〕。

槌曰終葵。再以馬融所頌終葵逐鬼之物証之。自可了然。毋庸更多枝辭也。

辨 按鍾馗捉鬼之說。緣於椎曰終葵。古人以椎逐鬼。如儺之執戈揚盾。後世以其有辟邪之用。遂改終葵爲鍾葵。而取爲人名。故六朝以來。名鍾葵者甚夥。如魏之堯暄。本名鍾葵。而字辟邪也。流傳既久。則又忘爲辟邪之物。而指爲逐鬼之人。幷改葵爲馗。（蓋取九首之鬼形。）一若眞有食鬼之姓鍾名馗者矣。乃好事者緣飾神奇。捏造唐時鍾進士故事。訛謬相沿。繪圖摹搨。懸於門爲除厲之神。輾轉附會之說。不辨可知其妄。奈有信之而牢不可破者。何昧昧如是耶。

痘神

引封神演義載痘神係余化龍暨其五子達兆光先德也。余化龍仕於商紂朝。爲潼關之主將。當姜子牙伐商至潼關（在陝西同州府華陰縣）安營。化龍率其子達兆等拒敵。受傷敗走。余德遂暗用妖術。乃於夜間。將五斗毒痘。向周營撒播。武王子牙以及合營兵眾。俱忽染痘疹。惟有武將楊戩。適外出未遭侵染。子牙遣楊戩。往火雲洞。求伏羲賜丹救治。伏羲囑神農給發仙丹三粒。曰。一粒救武王。一粒救子牙。一粒用水化開。在軍前四處散灑瘟毒自然消滅。楊戩回營。如法行之。霎時間。合營全愈。子牙見衆兵臉上。各有疤痕。大怒。即進兵破關泄恨。余化龍率領五子。出關迎敵。未及數合。五子俱被打死。化龍見五子俱亡。遂伏劍自刎。迨姜子牙（見前二百六十張）克商後。封余化龍爲主瘟元君。其子達爲東方主瘟正神。兆爲西方主瘟正神。光爲南方主瘟正神。先爲北方主瘟正神。德爲中央主瘟正神。

（辨）按余化龍父子等與周兵戰敗。遂暗用妖術。撒播毒痘。周營俱染痘疹。施用伏羲神農所賜仙丹得以療愈。化龍等陣亡後。姜子牙乃封爲主痘之神。據此痘神來歷。顯然不經。且化龍等播撒毒痘害人。稱爲痘症之惡孽。方屬相當。今反奉爲神。謂禱之可使痘症速愈。誕妄無稽之說。真索解人而不得者矣。

哼哈二將

引封神演義載哼哈二將。係鄭倫與陳奇也。鄭倫者。初爲商紂之督糧上將。曾拜西崑崙度厄眞人爲師。眞人傳以竅中二炁。將鼻一哼。響如鐘聲。噴出二道白光。能吸人魂魄。當周伐商。倫與周兵戰。恆以哼鼻勝敵。後被周將鄧九公擒縛。送至周營。免死。降周爲督糧官總督五軍上將軍。仍以哼鼻取勝。嗣與商將金大升戰。大升乃是牛怪。腹中煉成一塊牛黃。大如碗口。噴出如雷。正中鄭倫面上。打傷鼻孔。倫跌下。被大升揮刀斬爲二段。陳奇者。仕於商紂朝。爲督糧官。曾受異人祕傳。養成腹內一道黃氣。張口一哈。黃氣噴出。見之者。魂魄自散。每與周兵戰。以噴氣取勝。嗣與鄭倫戰。此由口中噴出黃氣。彼由鼻中噴出白光。一哼一哈。彼此相拒。不分勝負。忽被周將哪吒打傷臂膊。又被黃飛虎一鎗刺中脇下而死。道周滅商。姜子牙（見前二百六十張）敕封鄭倫陳奇二人。鎮守西釋山門。宣布教化。保護法寶。爲哼哈二將之神。

【辨】按鄭倫陳奇爲商末武將。倫能鼓鼻哼出白光。

奇能張口哈出黃氣。以吸散人之魂魄。彼二將陣亡後。姜子牙封爲哼哈二將。令鎭釋廟山門。據此。哼哈二將來歷。如是誕妄。彼鼓鼻張口。烏能吸散人之魂魄哉。如倫奇等果擅奇能。倫當不致被斬。奇亦曷爲刺死。而好事者。遂創其說以神之。後世踵事增華之輩。又塑其像於山門。一鼓鼻一張口。露牙睜目。驚怖小兒。愚者不究來歷。遂信爲眞能吸散魂魄。而畏之敬之。噫。亦愚甚矣。

天王

引讀書紀數畧載須彌四寶山。見前百五十五張高三百三十六萬里。四寶所成。東面黃金。西面白銀。南面琉璃。北面瑪瑙。天王各居一山。

重增搜神記載按釋氏源流有毘普勳乂天王。有毘普博乂天王。有提頭賴吒天王。有毘沙門天王。昔唐太宗從高祖卝起兵。有神降於前。自稱毘沙門天王。願同乃定亂。其手捋有豬首象鼻者。故所向成功。及卽位。詔天下公府皆祀之。天聖宋仁宗卯初。詔諸郡置祠。

仍建佛寺。俱以天王為額。此天王之所由普建也。

陔餘叢考曰。僧寺多有名天王堂者。按談藪禮唐天寶（玄宗號）間。番寇西安。（府屬陝西）詔不空三藏。（按通鑑綱目胡僧不空官至卿監。爵為國公。歷代宗大懸九年斛死。謚大辯。正廣智三藏和尚。）誦咒禳之。忽見金甲神人。不空云。此毘沙門天王第二子獨健往救矣。後西安奏捷。亦云西北有天王現形。勝之。朝廷因敕諸道立像。

（經）按須彌山。乃釋家謊稱。天下五大洲內。並無此山。而四天王之說。無稽可知矣。至神現太宗不空等事。更屬怪誕不經。世之敬天王者。使一聞其祠所由來。當亦爽然自失也。

羅漢

【引】一切經義曰。眞人按文子得天地之道者爲眞人。卽阿羅漢也。或言阿羅訶。或言應眞。皆是一也。

讀書紀數畧載十八尊羅漢。一賓波羅頗羅墮闍。二迦諾迦跋蹉。三迦諾迦跋釐墮闍。四蘇頻陁。五諾矩羅。六跋陀羅。七迦哩迦。八代闍羅弗多羅。九戍博迦十半託迦。十一怙羅。十二那伽犀那。十三因揭陀。十四戍那波斯。十五阿只多。十六注茶半託迦。十七都難提密多羅。十八賓頭盧。

楞嚴經曰。富樓那云。世尊（佛也）知我有大辯才。以音聲輪。教我發揚。我於佛前。助佛轉輪。因獅子吼。成阿羅漢。

蘇軾十八阿羅漢頌序。蜀金水（四川成都府金堂縣境）張氏。以畫羅漢有名。唐宋世擅其藝。今成都（四川府屬）僧敏行。其玄孫也。梵相奇古。學術淵博。蜀人皆曰。此羅漢化身其家也。

明一統志載。潼川（四川府屬）舊無鹽井。唐時一新羅漢遊蜀至此。指其地鑿之。鹹泉湧出。因置寺奉其遺軀。

（文）載牟羅漢眉州屬四川人。名安。如岷山在四川茂州陟上清坂。忽遇髯者。顧笑曰。汝飢。何不食柏子耶。摘子投其口。顧髯者。不復見矣。遂不火食。一日江水暴漲。舟不可行。或戲指其笠曰。乘此渡可乎。牟遂置笠水。而趺坐其上。截江以濟。觀者異之。人呼爲牟羅漢。

（思綺堂文集）載十六羅漢像如左。

一長眉大耳。盤膝側坐石上。兩手輪數珠。面設香爐經卷。侍者合掌立。下有小虎仰視。

二射閃閃。下龍女捧盤。跪獻者蓋夜珠也。鬚眉蒼鬱。掛數珠。蹣跚坐石。煊染作夜景。有光上

三赤脚盤膝坐。左手撚眉。右執塔。異光四射。一蠻奴跪而餵藥。

四 側坐看經。右拄龍頭杖。左手按膝。有鹿銜花以獻。蠻奴捧盂而立。盂貯寶無數。

五 拄竹杖側坐。擁經石上。旁設獅盔小爐。香煙拂拂。下童子散髮。枕肱釋卷而睡。

六 擁經在膝而坐。左手執經尾。右一指着經上。作句解狀。龍王席地聽講。而供菖蒲一盆。

七 藉蒲團石上。盤右膝。欹左足而坐。左手按膝。右執拂下垂。白象獻蓮一枝。有蠻奴持錫逐象後。

八 側坐。十指交錯。侍者執經而立。經作篆書。一獅踞地上視。

九 側坐。脫雙履在地。左執方柄長爐。右手撥香。蠻奴持盒猿捧香以獻。

十 盤一足。坐松下。一手支頤。鼉龍立持狀請。松掛小瓶數珠。

十一 側坐。一手植龍頭杖。努目視虎。虎馴服。侍者旁立。摩乳虎頂。

十二 抱膝而坐。而設天然小几。供琉璃瓶。貯舍利十數。侍者合掌赤足立於後。

十三疊手正坐。而置琉璃瓶。插蓮花葉數枝。一童子
汴水濆湧之勢。水花隱隱瓶外。
十四
莊容正坐。左手執如意。龍王搢笏以朝。
十五臨水側坐。擢足。有雲氣護龍。盤舞於上。蠻奴拄
杖合掌而立。
十六坦腹坐磯。蝙蝠背飛下。有蠻奴治爐火。蹲煮茶
者。筒炊箸撥。右置碗一盆一。
辨按羅漢或言阿羅漢。或言阿羅訶。俱梵語。譯言
眞人。見上二百則羅漢者。乃釋迦之徒。尊爲得道
八十一張
之人。但考釋迦得道。且屬誕妄。況其徒乎。佛家猶
有五百羅漢名目。夷考其行。槪如此類。正無庸紛
紛贅列矣。

魯班　公輸子

【引】魯班經曰。魯班姓公輸名班。字依智。魯（山東兗州府）人。父名賢。母吳氏。魯定公三年。甲戌五月初七日生。受業於鮑老董。注意雕鏤刻畫。經營宮室。制造舟車器皿。既竭目力。繼以規矩準繩。妻雲氏亦巧於製器。年四十。隱於歷山（在山東濟南府城南五里）得異人祕訣。雲遊天下。白日飛昇。止留斧鋸。明永樂（1400）間封輔國大師。工匠祈禱。靡不輒應。

【四書人物考】曰。公輸子名班。又名般（墨子作公輸盤）魯之巧人也。或以為魯穆公時之子。削木以為鵲。成而飛之三日不下。為母作木人為御。機關一發。其車遂行。楚攻宋。般為設機械以攻城壘。子助宋以距楚。

又曰。魯般燉煌（縣屬甘肅安西州）人。未詳年代。巧侔造化。嘗作木鳶。其父乘之至吳會（江蘇蘇州）。吳人以為妖。殺之。般怒。於肅州（屬甘肅）城南。作一木仙人。舉手指東南。吳地大旱三年。卜曰。般所為也。於是賷物謝之。般為斷其一手。其月。吳中大雨。

柳南隨筆曰。日知錄云。古詩誰能刻鏤此。公輸與魯

班。下一與字。竟以公輸魯班為二人。則不通矣。然余

王應奎著（柳南隨筆）自謂也。觀（朝野僉載）云。魯般者。肅州燉煌人。莫詳年代。巧侔造化。於涼州（府屬甘肅）造浮屠。作木鳶。每擊楔三下。乘之以歸云云。而六國時。公輸般亦作木鳶。以窺宋城。觀此。則公輸與魯般。本有二人矣。

（辨）按魯班能作鵲自飛。作杅自動。作鳶乘人。如今之汽機氣毬等物。班雖智。亦巧匠而已。至所作木人。手指致旱。手斷卽雨。及所稱白日飛昇隨禱隨應。無稽之談。人孰信之。況今攻木之工。稱魯般卽

係公輸般。豈知公輸般。乃六國時人。魯般係曾營浮屠者。其爲漢以後人無疑。二人相距數百年。今乃合而爲一。是所敬之人。尚未知爲誰。遑論其他。

張仙

引神仙通鑑載宋仁宗晝寢。見一美男子。粉面烏髯挾彈而前曰。予張仙也。天狗星名。按前漢書天狗狀如大流星。注孟康曰。星有尾。旁有短彗。下有如狗形者。在天掩日月。下世啗小兒。見予則當避去。帝頓足而覺。卽命圖像懸之。注自後民間無子者。皆寫張仙供焉。

陔餘叢考曰。世所稱張仙像。張弓挾彈。似貴遊公子。或曰卽張星按史記天官書正義張星主天廚飲食。賞賚觴客。之神也。陸文裕金臺紀聞云。後蜀主孟昶按宋史宋太祖乾德三年。後蜀主孟昶降於宋挾彈圖。花蕊夫人（按明一統志。夫人費氏。四川成都府灌縣人。五代時以本色入後蜀宮。蜀主孟昶嬖之。蜀亡。入宋備後宮。）攜入宋宮。念其故主。（孟昶）嘗懸於壁。一日太祖（宋太祖）詰之。詭曰。此蜀中張仙神也。祀之能令人有子。於是傳之人間。遂爲祈子之祀云。（郎瑛七修類稿）亦載此說。又（王弇州勘書圖跋）宋初降王。惟孟昶具天人相。見於花蕊夫人所供。其童子爲元詰武士爲趙廷隱。（按宋史廷隱武將。隨孟昶父知祥入蜀。）當時進御者。以勝國（蜀亡）故。不敢具其實。乃目爲文皇（宋太宗）耳。據此則此像又有託之爲唐太宗者。余謂此二說皆未必然。祖之入汴河南開封府宋都。也。宋祖親見之。花蕊果攜其像。宋祖豈不能識別。而敢以詭辭對。至託爲唐文皇。太宗則更無謂。按高青邱有謝海雪道人贈張仙像詩云。余未有子。海雪以此像見贈。蓋蘇老泉嘗禱之。而得二子軾轍者。因賦詩以謝云。道人念我書無傳。畫圖卷贈成都仙。云昔蘇夫子。建之玉局禱甚虔。青邱猶曰。海雪念我無子。以張仙像見贈。并云昔蘇洵供此像於玉局觀。虔奉祈子。乃生五色兩鳳鶵。和鳴上下相聯翩。然則此像本起於蜀中。閨閣祈子。久已成俗。是以花蕊攜以入宮。後人以其來自蜀道。

疑爲孟昶像耳。按〈蘇老泉集〉有張仙贊，謂張名遠霄。眉山（即四川眉州）人，五代時遊青城山（在四川成都府灌縣）成道。陸放翁答宇文使君問張仙事詩，自註云，張四郎常挾彈視人家有災者，輒以鐵丸擊散之。又贈宋道人詩云。我來欲訪挾彈仙，嗟哉一失五百年。〈續通考〉云，張遠霄一日見老人持竹弓一，鐵彈三，來質錢三百千。張無靳色，老人曰，吾彈能辟疫，當寶用之。後老人再來，遂授以度世法。熟視其目，有兩瞳子。越數十年，遠霄往白鶴山（在四川邛州城西八里）遇石像，名四目老翁，乃大悟。郎前老人也。眉山有遠霄宅故址。按明一統志遠霄宅在四川眉州治西北。圃中有雙檜尚存。李石詩云。野草閒花不計年。亭亭雙檜欲參天。讀書卻得騎驢老。買藥來尋跨鶴仙。是蜀中本有是仙。今所畫張公挾彈。乃其生平事實。未知何以為祈子之祀。胡應麟見前百五十七張又謂古來本有此張公挾彈圖。後人因附會以張弓為張。挾彈為誕。遂流傳為祈子之祀。此亦不加深考。而為此臆說也。

注 按古者男子生。懸弧矢。又祀高禖按前漢書注高禖求子之神。之禮。於所御者。帶以弓韣。音蜀。弓衣也。授以弓矢。此本是祈子之事。後人或緣此寫為圖。以為祈子之神像。遂輾轉附會。而實以姓名耳。

【辨】按仁宗夢見挾彈者。自稱為張仙。阻止天狗啗吞小兒。（見上二百八十五張）說最無稽。無庸縷辨。

按張弓挾彈之張仙。供以祈子者。一云亡蜀主孟昶。一云郎張遠霄得四目老翁之弓彈。擊散人家灾祲。（見上二百八十六張）據此。孟昶遠霄與祈子之神。毫無干涉。而乃假託強附。正諺所謂硬裝柄是也。

按蜀中本有是仙。張弓挾彈。乃其生平事實。（見上本張）

則張仙乃養由基李將軍善射之流耳。坤道之權與彼無預焉。又所稱老泉禱之而得子。乃海雪道人之讕語。何足信哉。

按古有懸弧之禮。後人緣此圖像。以爲祈子之神。遂輾轉附會。而實以姓名。見上二百八十七張此說最爲洞矚其情。而世乃竟信此附會之說。眞不值一粲也。

灌口神　二郎神

【引】陔餘叢考曰。夷堅志永康軍今四川成都府灌縣崇德廟乃灌口神祠。按明一統志灌縣西北二十六里。有灌口山。漢時文翁穿湔江溉灌故名。按前漢書文翁安徽廬州府廬江縣人。漢景帝末。爲蜀郡守。爵封王。置監廟官。蜀人事之甚謹。每時節獻享。及因事有祈者。必宰羊。一歲至四萬口。一羊過城納稅錢五百。歲終可得錢二萬千。爲公家無窮利。當神之生日。郡人醵合錢飲酒也。迎盡敬。官僚亦無不瞻謁者。按獨醒志。灌口二郎神乃祠李冰父子也。秦時守其地。有龍爲孽。冰鎖之於離堆按四

〔四川志〕四川敘州府長寧縣鼓北岸溪上溪中有怪石似離堆之像名小離堆之下。故蜀人德之。按明一統志李冰秦時爲蜀郡守鑿離堆以灌溉諸郡沃野千里而無水旱號爲陸海蜀人德之。每歲用羊至四萬餘。凡買羊以祭。偶產羔者。亦不敢留。永康〔四川成都府灌縣〕耕羊稅以充郡計。元至順〔元文宗〕元年。加封李冰爲聖德廣裕英惠王。其子二郎神爲英烈昭惠靈顯仁祐王。

〔史記河渠書〕曰。蜀守冰鑿離碓。辟沫水之害。穿二江成都之中。此渠皆可行舟。有餘則用溉浸。百姓饗其利。〔註〕冰姓李。沫水出蜀西南徼外。東南入海。二江並在益州成都縣界。風俗通云秦昭王使李冰爲蜀守。開成都縣兩江。溉田萬頃。江水有神。歲取童女二人爲婦。主者自出錢百萬以行聘。冰自以其女與神婚。到時裝飾其女。當以沉江。冰徑至祠。上神坐進酒。先投杯。但澹淡不耗。因厲聲曰。江君相輕。當相伐耳。拔劍忽然不見。良久有兩蒼牛。鬬於岸。有頃。輒還。謂官屬曰。吾鬬疲極。不當相助耶。南向腰中正白者我綬也。主簿刺北面者。江神遂死。後無復患。（並見太平御覽）

【按】按蜀郡守李冰鑿離堆。以灌溉諸郡。而避沫水之害蜀人德之見上二百八十九張事猶可信但所稱禁鎖孽龍以女妻神變牛相鬬而江神被誅顯係好事者揑造鑿人獄字以斂羊稅了無疑義則敬李冰爲灌口神并其子爲二郎神抑何可笑

天將王靈官隆恩眞君　薩守堅崇恩眞君

【引】陔餘叢考曰。道觀內多塑王靈官像。如佛寺之塑伽藍。佛名作鎮山門也。孫國敉燕都遊覽志謂永樂明成祖時間有周思得者。按明一統志思得浙江杭州府錢塘縣人。從四十二代天師張宇初讀道書。明成祖永樂初。以召至京。寵賚優厚。宣德時正統時間。累封崇教弘道高士。領道錄司事。卒年四十二。贈通靈眞人。以王元帥法。顯京師。元帥者。世稱靈官天將二十六居第一位。文皇明成祖禱輒應。乃命祀於宮城西。宣德明宣宗時初。拓之額曰。大德顯靈宮。按帝京景物畧及列朝詩集文皇獲靈官藤像於東海。朝夕禮之如賓容，夫曰獲藤像於東海，則古來已有是像，非至永樂（〤〇〇）中始刱也。而倪岳青溪漫稿，述道家之言，宋徽宗（[illegible]）時，有西蜀人薩守堅，嘗從林靈素（見前六十六張）傳法，而王靈官則玉樞火府天將，又從守堅受符法者。永樂（〤〇〇）中，敕建天將廟。宣德（[illegible]）中，改爲火德觀，封薩爲崇恩眞君，王爲隆恩眞君，歲時遣官致祭。然則王元帥者，特有宋方士之流，林靈素已無他術，況又從而輾轉受法者，乃其威靈至今不泯，世俗尊奉益盛，何也。宏治（明孝宗紀）中，周洪謨議，及嘉靖（明世宗紀）中，倪文敎請正祀典疏。皆云。道家之崇恩真君薩守堅。嘗從林靈素傳道。而隆恩真君則火府天將王靈官。又從薩真君授法。永樂中。有杭州道士周思得。以靈官之法。顯於京師。乃建天將廟及祖師殿。宣德中改廟為火德觀。崇奉二真君。成化（明憲宗烱）中改觀曰宮。加顯靈二字。遞年四季換袍服。三年一小焚化。十年一大焚化。再易以新製珠玉錦繡。所費不貲。每歲萬壽節。正旦。冬至。及二真君示現之日。皆遣官致祭。其崇奉可謂至矣。今就其議言之。薩真人之法。皆林靈素所傳。

一時傳會之說本無可信。況近年附體降神者乃充軍顧珏顧倫之父子。其爲鄙褻尤甚。怪誕可知。但經累朝創建難便廢毀。所有前項祭祀。俱應罷免。其四時袍服宜令本宮住持依期更換。如法收貯。不必焚化。永爲定例云。

【辨】按王靈官係宋時方士之流。從林靈素之徒薩守堅受法行術。明永樂中道士周思得繼行其法。稱靈官爲天將之首。成祖乃敕建天將廟。宣宗封守堅靈官爲眞君。見上二百九十一張於以知靈官之稱天將建廟敬奉。緣於周思得之詭詐。而明成祖之被欺也。夫靈素本無他術。況從而輾轉受法之輩。洵如明禮臣洪謨文毅所謂。俱係傅會之說。本無可信。況又妖附軍犯。其爲鄙褻尤甚。怪誕可知。見上二百九十二張然猶惜明之禮臣止議罷祀。仍容住持供奉。而不入其人。廬其居也。

引 湖南通志載薩眞人名守堅。寓湘陰縣屬湖南長沙府城隍廟裏。入夢城隍神。見前八張白言此道人寓廟中。吾甚不安。當逐去。申人因逐之。守堅出香少許云。吾去後。

當焚於神座前如其言雷發爐中。火起焚廟後渡水。值舟了不在。守堅自刺舟渡。出錢置舟中。水底忽湧出一金斧神。向守堅作禮云。吾湘陰城隍神也。以真人焚吾廟。吾訴上帝。命執斧相隨。三年察有小過。卽以斧誅之。守堅云。今未滿三年。何以見形。神曰。眞人渡水無人。尙與船錢。大事無欺。更可知矣。今願皈依隨行護法。許之。

(辨)按薩守堅寓廟。城隍何必畏。且更不知畏。則知守堅在廟。係里人憎惡。而矯幻夢以逐之耳。查無居流民。均宿枯廟廡下。罔有不容。雖守堅爲人不可知。卽以見逐事觀之。何啾庶不容之甚也。至出香少許。囑以去後焚之。如其言。雷發爐中。火起焚廟守堅之香何物。焉能致雷。且雷出上擊。非出下發。則知所發者非雷。寶係火藥之轟。殆欲焚廟洩忿。豫藏火藥於爐。非然者。何不自焚其香於去之前。必欲焚於去之後乎。守堅所爲。黠則黠矣。而居心險惡。亦可謂至極。所傳城隍水中湧出。頗皈依隨行。怪誕之說。無庸置辨。

祠山張大帝

引明一統志載祠山神姓張名渤。（一作勃）吳興（浙江湖州府烏程縣）人。一云武陵龍陽（縣屬湖南常德府）人。生西漢末。時游苕霅（苕溪在湖州府治西。霅溪在治南。）之間。久之。欲自長興（縣屬浙江湖州府）之荆溪（在長興縣西南六十里）鑿河至廣德（州屬安徽）以通舟楫。工役將半。遂遁於橫山（在廣德州）。故人立祠祀之。夫人李氏。亦有廟在州東二里。名昭妃廟。其神爲最靈。凡水旱有禱輒應。又有埋藏之異。其俗歲殺牛祀之。爲坎於庭。以所祭牛及器皿數百。納於中。明日發視之。一空。

竟不知所。

重增搜神記載祠山姓張名渤。字伯奇。龍陽人。西漢宣帝神爵（同雀）三年。二月十一日生。長而奇偉。寬仁大度。與夫人李氏游吳會稽。渡浙江。至苕霅。役陰兵疏鑿聖瀆。欲通廣德。復於楓樹側。爲掛鼓壇先與夫人密議。每餉至。鳴鼓三聲。卽自至。不令夫人至開河之所。後因夫人遺餐於鼓。乃爲鴉啄。渤以鼓鳴餉至。卽至鼓壇。乃知爲鳥所誤。及夫人至鳴鼓。渤反以爲前所誤而不至。夫人遂詣興功之所。見渤爲大豨。役陰兵開河。渤見夫人。變形未及。遂不與夫人相見。聖瀆之功息矣。遁於廣德縣西五里橫山之頂。居民思之。立廟於山西南隅。唐玄宗天寶中。禱雨感應。贈水部員外郎。橫山改爲祠山（此即張渤稱祠山之緣起。）昭宗（朝）贈司農少卿。南唐（朝）封廣德公。後晉（朝）封廣德王。宋仁宗（朝）封靈濟王。理宗（朝）封爲眞君。渤之父祖。以及九弟五子八孫。俱封侯。妻配生母祖母。以及一女九媳五孫媳。均封夫人。

陔餘叢考曰。俗祀祠山神稱爲祠山張大帝。王弇州宛委餘編引酉陽雜俎。天帝劉翁者。惡張翁。欲殺之。張翁具酒醉劉翁。而乘龍上天代其位。按酉陽雜俎。天翁姓張名堅字刺渴漁陽人。少不羈。無所拘。嘗張羅得一白雀。愛而養之。夢天劉翁責怒。每欲殺之。白雀輒以報堅。設諸方待之。終莫能害。天翁下觀之。堅盛設賓主。乃竊騎天翁車乘白龍登天。天翁乘餘龍追之不及。堅既到玄宮。杜塞北門。封白雀爲上卿侯。劉翁失治。徘徊五岳作灾。堅患之。以劉翁爲太山守。主生死之籍。○漁陽今直隸順天府薊州及殷芸小說周興死。天帝召興升殿。興私問左右曰。是古張天帝耶。答曰。古天帝已仙去。此是曹明帝耳云云。以爲張大帝之證。此特因一張字偶合。故引之以實其說。殊不知酉陽雜俎。及殷芸小說。固荒幻不經。卽其所謂張天帝者。亦指吳天上帝言之。而於祠山無涉也。世俗荒怪之說。固無足深考。然其訛謬相仍。亦必有所由始。按程棨三柳軒雜識。廣德（州屬安徽）祠山神姓張。避食豨。而引祠山事要云。王（卽祠山。初稱張王。後稱張大帝）始自長興縣（屬浙江湖州府）疏聖瀆。欲通津廣德。化身為豨。（大豕也）縱使陰兵為夫人李氏所覘。其工遂輟。是以祀之避豨。宋稗所載史詳。謂其神姓張名勃。烏程縣（屬浙江湖州府）人。役陰兵導河。欲通廣德。自長興縣疏鑿聖瀆。先與夫人約。每餉至。鳴鼓三聲。王卽自至。不令夫人見之。後夫人遺餐於鼓。鴉啄鼓鳴。王以爲餉至。至則無有。已而夫人至。鳴鼓。王反不至。夫人遂親至河所。見王爲大豕。驅陰兵開濬。王見夫人自慙。工遂輟。而逃於縣（卽廣德州）西五里橫山之頂。居人思之。爲立廟。夫人亦至縣東二里。而化爲石。人亦立廟。歷漢唐以來。廟祀不廢云。詹仁澤曾樵又編輯廣德橫山神張王事蹟。名祠山家世編年一卷。大畧相同。癸辛雜識廣植守廣德郡日。郡中祠山有埋藏會。植不信。用郡印印之。（以郡印封埋藏祭牛器皿之坎）其封明日發視。無、有、焉。此祠山神之見於小說者也。宋史范師道傳廣德縣有張王廟。民歲祀神。殺牛數千。師道范師道字貫之。江蘇蘇州府長洲縣人。仕宋仁宗皇祐間。至。禁、絕之。黃震傳通判廣德軍。舊有祠山廟。民禱祈者。歲數十萬。其牲皆用牛。幷有自嬰桎梏拷掠以邀福者。震皆、杖、禁、之。按宋史黃震字東發。浙江寧波府慈溪縣人。宋理宗寶祐四年進士。通判廣德軍。郡有祠山廟。歲合江淮之民禱祈者數十萬。其牲皆用牛。郡惡少挾兵刃。舞牲迎神爲常。鬬爭致犯法。其俗又有自嬰桎梏。自拷掠以徼福者。震杖之示衆。其俗有所謂埋藏會者。爲坎於庭深廣皆五尺。以所祭牛及器皿數百納其中。覆以牛革。封鐍一夕。明發視之。失所在。震以爲妖。而殺牛淫祀非法。言之諸司禁絕之。明史周瑛傳瑛按明史周瑛字梁石。福建興化府莆田縣人。明憲宗成化五年以進士。知廣德州。以善政聞。守廣德禁祀祠山。註閔文振仰山脞錄謂瑛著祠山辨。以息好鬼之俗。此祠山之見於史志者也。合而觀之。則祠山神之祀。本起於廣德。其所謂化豬通津。蓋本淮南子禹化爲熊通轘轅之路。塗山氏見之慚而化爲石之事。按前漢書夏后啟母石。註顏師古曰。啟夏禹子也。其母塗山氏女也。禹治鴻水。通轘轅山。化爲熊。謂塗山氏曰。欲餉。聞鼓聲乃來。禹跳石誤中鼓。塗山氏往見。禹方作熊。慚而去。至嵩高山下化爲石。方生啟。禹曰。歸我子。石破北方而生啟。事見淮南子。○按明一統志轘轅山在河南河南府鞏縣西南七十里。中岳嵩高山在河南河南府登封縣北十里。漢武帝至中岳。見夏后啟母石。移以附會於祠山。然俗所傳祠山張大帝。實本此而非如弇州所云也。且祠山張大帝之稱。乃近代流俗所傳。而宋以來尚稱張王。並未加以帝號。元泰定帝始加封曰普濟。而王號如故。明史禮志祠山廣惠張王㶿。一作渤以二月十八日祭。則所謂張大帝者。本流俗之稱。安得以流俗所稱之帝。擬之昊天上帝乎。弇州所云。殊為失考。余趙耘菘著陔餘叢考者。自謂也。自黔貴州歸。江行。以風水為命。舟人為余歷數每日風報。多驗。其中有所謂祠山報者。云帝以二月八日下地。為三女營嫁。一嫁風。一嫁雪。一嫁雨。待食凍狗肉。

始上天。蓋謂二月八日以後。必多風雨雪。直至戌日乃止。驗之果然。然則俚俗誕妄之說。固不足信。而以之候晴雨驗災沴。則有不爽者。明祖雞鳴山（在江蘇江寧府治西北七里）十廟。獨不廢此祀。其亦有所驗歟。（按淸嘉錄張大帝化身爲魚。故祀之避稱用犬。春陰多寒。折俎用凍脯。此殆俗所傳張大帝喫凍狗肉。）

辨 按酉陽雜俎謂張大帝卽係張翁酒醉劉天帝。上天代其位。（見上二百九十六張）位至天帝。可以欺罔而失乎。或可以詭詐而竊乎。其說誕妄。無庸置辨。

按雜識宋稗謂祠山神係張㶿化爲大豕。令陰兵濬河。爲夫人所見。自慚逃去。（見上二百九十七張）據此。祠山之來歷。荒幻不經。且又鄙褻。彼敬之者。抑知儼然上供者。實爲大豕哉。

按祭牛器皿。納於坎。次日開視。不見所在。（見上二百九十五張）揆之於理。定有奸人行詐。以惑愚民。廣植以郡印封坎。（見上二百九十七張）烏知植非合謀者乎。范師道黃震等禁絕其祀。宜哉。

按二月八日。祠山下地。嫁三女於風雪雨。待食凍狗肉始上天。（見上二百九十九張）此說不經。無庸置辨。至氣候之陰晴。與祠山無涉也。如夏多景風。冬多麗風。均係造物無爲之爲。非因神靈上下而使然也。彼信祠山而敬之。亦愚矣哉。

引路史曰淮南子禹通轘轅。塗山（塗山氏禹妻也。）欲餉。聞鼓乃來。禹跳石誤中鼓。塗山忽至。見禹爲熊。慙而去。至嵩山下化爲石。此事正與廣德所祠烏程張渤疏聖河。夫人李餉至鳴鼓事同。歷載傳訛。

安徽通志曰廣德州志張渤句容人。或曰烏程人。嘗學道於橫山。師事寶林禪師。昕夕禮斗。道成。就山巔構北斗殿。今祠山殿。香火甚盛。按祠山事。見於祠志及他書者。甚怪異。大約多竊取禹化熊及塗山氏化石之事以文之。宋羅泌路史。曾辨其妄。今廣德州志所載。祇如此。亦不語怪之意。然所云寶林禪師者。亦釋氏附會之說。漢時佛法未盛。尚未聞有禪師之稱。

辨按祠山張渤變豨。夫人李氏化石等事。路史通志。已明斥其妄。敬之者。當亦翻然悟也。

太一

引事物原會曰。禮經考索。太一者。五帝東方青帝。南方赤帝。西方白帝。北方黑帝。中央黃帝。之君也。其位尤尊於五帝。禮運曰。夫禮必本於太一。分而爲天地。轉而爲陰陽。變而爲四時。列而爲鬼神。注極大曰太。未分曰一。則太一者。乃天地四時之宗焉。

史記封禪書曰。武帝西漢時。縱亳人謬忌上方奏祠太一方曰。天神貴者。太一。太一佐曰五帝。註五帝者。五天帝也。佐者。謂配祭也。古者天子以春秋祭太一東南郊。於是天子令太祝立其祠長安陝西西安府東南郊。常奉祠如忌方。其後人有上書言。古者天子三年壹用太牢。祠神三一。天一。地一。太一。天子許之。

宋景祐御製序曰。天極之星明者。太乙也。其佐乃有五帝。其神實首九宮。九宮神見後三百三張

文獻通考曰。按太一莫知其何神。天官書言。中宮天極星。其一明者。太一常居。按史記天官書注。中宮大帝。其尊北極星。北極。天之中。泰一。天帝之別名也。則其為星也明矣。漢承秦制。以祀五帝為郊天。至武帝時。採謬忌之說。則以為五帝特太一

之佐。於是具太一祠壇。在五帝之上。帝親郊拜。則以事天之禮事之矣。武帝惑於方士求仙延年之說。故所以事鬼神者。其諂且瀆至於如此。

五禮通考曰。案太一之名。始於楚辭。(按屈原楚辭[illegible]九歌第一篇名東皇太一。注。天之尊神。祠在楚東。以配東帝。故曰東皇。)不過習俗師巫附會天神之一。而非以爲極尊無上之號也。至史記封禪書漢武帝用方士言事。祠太一。而以五帝配祀。則直以昊天上帝當之。逮匡衡(按前漢書。衡字稚圭。山東兗州府嶧縣人。仕西漢元帝御朝。奏正南北郊。罷諸淫祀。)奏罷泰畤。(祀泰一之壇。)然後太一之說始息。

是當其未罷以前。泰畤固若即漢之圜丘也。東漢至隋皆未有言太一者。唐明皇既信術士。祀九宮。按（琅邪代醉編）九宮。即天蓬星太一坎水白。天內星攝提坤土黑。天衝星軒轅震木碧。天輔星招搖巽木綠。天禽星大符中土黃。天心星青龍乾金白。天柱星咸池兌金赤。天任星太陰艮土白。天英星天乙離火紫。而九宮之神。一曰太一。是太一特九宮之一耳。至肅宗又於九宮之外。別置太一壇。煩瀆不經。曰甚一日。宋仁宗立西太一。神宗立中太一。加五福之名。增十神之位。按（事物原會）太一十神。即五福太一。君綦太一。臣綦太一。民綦太一。九炁太一。大遊太一。小遊太一。四神太一。天一太一。地一太一。徽宗又有北太一。踵事繁文。荒誕已極。元代猶沿其謬。至明而始廓清焉。按明史禮志。禮臣議以太一雖不經見。歷代因之。宜與風雲雷雨諸天神。合為一壇。

【辨】按太一或以為五帝之君。或以為極大未分者。天地四時之宗。或以為天神貴者。與天一地一合為三一神。或以為中宮天極星。或以為九宮之一神。見上三百二張太一之稱。岐異若是。不問而知其荒誕。且太一之名。雖始見於屈子之命篇。但考其立壇享祀。實自漢武帝惑於方士謬忌始。迨元帝時。匡衡奏罷淫祀。太一之說遂息。至唐明皇信術士。復舉太一之祀，而煩瀆不經。曰甚一日。宋太宗眞宗徽宗等，踵事繁文。其誕尤甚。元代沿其謬，而明禮臣以太一雖不經見，然歷代因之，仍令合祀於壇。見上二百二張據此。太一之祀，其爲創爲因，均由方士之欺矇罔上。其爲荒遠無稽，不待置辨矣。

按太一爲九宮之第一神。見上三百三張但五禮通考曰九宮貴神，出於術士荒唐之言。唐玄宗惑而崇祀之。荒唐之言。又何足道。

按續文獻通考載宋理宗淳祐十二年。𪑦詔建西太一宮。以十月三日親行款謁恭謝之禮。時有牟子才。按（宋史）子才字存叟。四川資州井研縣人。仕宋理宗歷度宗歷朝。以資政殿學士致仕。卒。上奏曰。自漢武帝始祠太一。其後或隨太一所在。築室迎祠。大率皆因方士。雜引道經星曆之學而爲之。臣比者西太一指揮初下之時。嘗密告陛下。乞自以聖意。明詔有司。亟止此行。蓋區區忠愛之志。欲救正於未然。力量淺薄。未能感動。繼聞諸臣陸續亦有奏疏。是公議不謀而同。非臣一人之私言也。臣又案（漢史）。武帝元鼎五年。始立泰畤於甘泉。親祠太一。武帝即位幾三十年。而有此舉措。蓋其學不足以明理。情不足以制欲。無足怪者。陛下講學於今。三十年餘。此乃聖德成就之日。所當同符堯舜。而乃欲效武帝。親祀太一之舉。臣實惜之。且祠太一所以致福。而臣以漢史考之。武帝初祠太一之年。日有食之。自是旱蝗河決蚍鬬。無歲無有。而南越之叛。匈奴之寇。亦在是年。至於東方盜起。巫蠱禍作。女能事無形以舞降神。曰巫。執左道以亂政惑人。曰蠱。按通鑑紀事本末漢武帝太始二年。[illegible]治巫蠱獄。初方士及諸神巫。多聚京師。惑眾變幻。無所不為。女巫往來宮中。教美人度厄。每屋埋木人祭祀之。武帝嘗晝寢。夢木人數千。持杖欲擊上。上爲驚悟。因是體不平。江充與太子有隙。因是爲姦。言上疾祟在巫蠱。於是上使充治巫蠱獄。充於宮中。掘地求蠱。云太子宮內。掘得木人尤多。又有帛書。所言不道。當奏聞。太子懼。捕充斬之。發兵卒以反。帝令丞相討之。太子敗走自經。

干戈相尋。所謂禍者乃如此。武帝晚年始悟。下詔以爲平生所爲狂悖。嗚呼。亦已晚矣。武帝自謂其所爲狂悖。試觀其所爲。豈不眞狂悖可笑。而奈何欲效之乎。武帝猶知所悔。而陛下豈在武帝下乎。晚而悔之。豈有及乎。望陛下痛察臣衷。改降指揮。特寢前命。以弭人言。據此。太一之祀。作俑者武帝。效尤者。理宗。宋臣子才斥其妄而諫其非。肺腑之言。深切著明。應無庸更贅一辭矣。

太歲

引圖書集成曰。案太歲之祀。漢唐以來。不載祀典。而王安石（按廣輿記安石字介甫。江西撫州府臨川縣人。宋神宗朝嘗拜相。）有祭太歲諸神文。豈宋時已有其祀耶。

元史成宗本紀載元世祖至元三十一年。夏四月。成宗卽位。五月壬子。祭太陽太歲火土等星於司天臺。

續文獻通考載元每有大興作。祭太歲。月將。（司月之神）日值。（司日之神）於太史院。

餘冬序錄曰。國初（明朝）肇祀太歲。禮臣上言。太歲之神。自唐宋以來。祀典不載。惟元有大典作。祭於太史院。亦無常祭。國朝始有定祀。案說文。太歲。木星也。一歲行一次。應十二辰而一周天。其為天神。明矣。亦宜設壇露祭。詔可。

明史禮志曰。古無太歲月將壇宇之制。明始重其祭。太祖既以太歲諸神從祀圜丘。已而命禮官議專祀壇壝。禮臣言太歲者。十二辰之神。按說文。歲字從步從戌。木星一歲行一次。歷十二辰而周天。若步然也。

陰陽家說。又有十二月將。十日。十二時。所直之神。雖不經見。歷代因之。元每有大興作。祭太歲。月將。日直。時直。宜以太歲。風雲。雷雨。諸天神合爲一壇。

餘冬序錄曰。太祖明朝定祭太歲於山川壇之正殿。而以春夏秋冬四月將。分祀兩廡。太歲實統四時。而月將四時之候。寒暑行也。今祭太歲月將則四時與寒暑之神也。

明史樂志載嘉靖世宗八年。祀太歲月將。樂章迎神篇曰。吉日良辰。祀典式陳。輔國佑民。太歲尊神。四時月將。功曹司辰、濯濯厥靈。昭鑒吾心。以候以迎、來格來歆。

五禮通考曰、案太歲之祭。始自元明、於禮固無可考。然就其所謂歲神、或以爲木星、或以爲十二辰、蓋既云木星。歲行一次、十二歲一周天。乃五緯之一。而非別有一神。若以所行之次。每歲一易者當之、是卽十二辰也。天無星處、皆謂之辰。而此十二次之辰。則皆取附近之星以識別之、是已在二十八宿見後三百十九張之中。而又非別有一神也、惟以爲與月將卽四時寒暑之神，庶幾近之。歲星所次，凡十有二，以子丑寅卯等十二辰紀之，而斗柄所指，謂之月建者，亦十有二，於是有月將之說，逐日之神，亦十有二，於是又有日直之說。蓋皆出於釋道陰陽，卜筮擇日，堪輿星命之流。大抵皆是星辰之類，而遞推衍及之者。按、讀書紀數畧、歲星爲陽，右行於天。太歲爲陰，左行於地，十二歲而小周。

陔餘叢考曰，術家有太歲大將軍之說，動土者必避其方。按漢書匈奴傳、單于來朝，舍之太歲厭（同壓）勝所在。按前漢書漢哀帝元壽二年，匈奴單于來朝，上以太歲厭勝所在舍之。上林苑蒲陶宮。又王充移徙法王充字仲任東漢會稽時人著論衡有篇名難歲內述移徙法見後三百十二及三百十五張。云抵太歲凶負太歲亦凶抵太歲名曰歲下負太歲名曰歲破世俗起土興工凡歲月所食之地必有死者如太歲在子歲食於酉正月建寅則月食於巳子寅之地興功則酉巳之家見食必須作厭勝之法懸五行之物如歲月食酉家酉家懸金食東家東家懸炭是太歲避忌之法漢已有之其大將軍之稱歐陽公集古錄載李康碑云歲在亥大將軍在酉公謂出於陰陽家前史所未嘗見周密以爲卽張晏按尙

〔文錄〕張晏字子傳。三國時魏中山定州人。著〔前漢書音釋〕所謂歲後二辰。爲太陰者也。〔注〕丙子歲。則太陰在甲戌。〔抱朴子〕有諸梟太陰將軍之稱。術家蓋本此。按〔漢書〕王莽號其將軍曰歲宿。則以太歲爲大將軍。并起於新莽矣。〔謹按〕〔集古錄〕所云。則大將軍係歲後二辰。今術家則卽以太歲爲大將軍。

〔重增搜神記〕載太歲殷元帥。紂王幽之子殷郊也。母皇后姜氏。郊生時。肉毬包裹。王寵妲己。冐奏王曰正宮產怪。王命棄之郊外。適金鼎化身申眞人經過。見之曰此仙胎也。將劍剖毬。得嬰兒。卽抱歸水濂洞求乳母賀仙姑哺而育之。法名哈叮呶。正名哈哪吒。又緣其棄郊之故。而乳名殷郊。年將七歲。乳母告曰。汝非吾子。乃紂王聽信偏妃妲己之言。將汝為妖。汝母墜樓而死。郊感泣。竟見眞人。請准往報殺母之仇。乃於天妃八寶洞中。取得斧鉞金鐘。徑往牧野。助武王伐紂。時商士前徒倒戈。白戮。血流漂杵。郊趕至摘星樓。將妲己擒。見周王。遂奉命揮斧劈之。妲己本係妖雉精。按封神演義。妲己係妖狐精。化黑烟而散。玉帝見前六十一張以郊孝義。而有斬妖之勇。遂封為太歲殷元帥。

封神演義載殷郊。紂王幽太子。母姜后。妲己既陷害姜后。惡郊。唆於紂。紂令誅之。時郊年十四。武士方弼方相。見前二百六十二張負之逃遁。後被紂之差將殷破敗追至。擒回商都。紂令處決。當有太華山道仙赤精子。九仙山道仙廣成子。見前二十九張令黃巾力士駕起神風。將郊吹至九仙山。道姬周伐商。廣成子令殷郊下山助周伐商。詎郊出山違令。反助商伐周。廣成子大怒。責以違令之罪。將受鋤犁之厄。殷郊與周將燃燈戰。敗北。奔逃山徑。見左右高山。前後有敵。遂向上一躍。冀得逃脫。頭方冒出山尖。而燃燈兩手將左右山尖擠合。郊身夾在山內。頭出山外。即被周將武吉犁鋤而死。周克商後。姜子牙（見前二百六十張）封殷郊爲執年歲君

太歲之神

（辨）按太歲之名。始見於漢書。而於趙宋。乃見有祭文。但其祀典。則自元代始。有明因之。太歲者何指。或以爲木星。或以爲十二辰之神。或以爲四時寒暑之神。或以爲即是歲星。或以爲太歲與歲星不同。所指雖岐。混稱太歲尊神。禱以輔國佑民。（見上三百）

七張夫太歲。尙不知爲誰何。而乃遽尊爲神。虔伸禱祀。不亦異哉。

按太歲所在之方。與所食之地。依地支十二字。每年挨移。凡於所在之方。起土興功。必致所食之地。遭禍死亡。如太歲在子。而於子地動土。則在酉之家。必見食遭殃。欲避其殃。須用壓勝之法。壓勝避忌之說。西漢已行。見上二百九張然漢儒王充按後漢書充字仲任浙江紹興府上虞縣人。博通衆流百家之言。好論說。著論衡八十五篇。東漢章帝時徵召。病不行。和帝永元中卒。著論衡調時篇。已詳辨其妄。畧曰世俗起土興功。歲月有所食。所食之地。必有死者。假令太歲在子。歲食於酉。正月建寅。月食於巳。子寅地興功。則酉巳之家見食矣。見食之家。作起厭勝。以五行之物。懸金木水土。假令歲月食西家。西家懸金。歲月食東家。東家懸炭。設祭祀。以除其凶。或空亡徙。以辟其殃。連相倣效。皆謂之然。如考實之。虛妄迷也。何以明之。鬼神罪過人。猶縣官謫罰民也。民犯刑罰多非一。小過宥罪。大惡犯辟。未有以無過受罪。無過而受罪。世謂之寃。今巳酉之家。無過於月歲。子家起宅空爲見食。此則歲寃無罪也。且夫太歲在子。子宅直符。午宅爲破。不須興功起事。空居無爲。猶被其害。今歲月所食。待子宅有爲。已酉乃凶。太歲歲月之神。用罰爲害。動靜殊致。非天從歲月神意之道也。審論歲月之神。歲則太歲也。在天邊際。立於子位。起室者在中國一州之內。假令揚州在東南。使如鄒衍（衍山東濟南府人。燕昭王卑下士求賢。衍入燕。昭王師事之。名重列國。著書十餘萬言）之言。天下爲一州。又在東南。歲食於酉。食西羌之地。東南之地安得凶禍。假令歲在人民之間。西宅為西地。則起功之家。宅中亦有西地。何以不近食其宅中之西地。而反食他家乎。且食之者。審誰也。如審歲月。歲月。天之從神。飲食與天同。天食。不食人。故郊祭不以為牲。如非天神亦不食人。天地之間。百神所食。聖人謂當與人等。推生事死。推人事鬼。故百神之祀。皆用眾物。無用人者。物食人者。虎與狼也。歲月之神。豈虎狼之精哉。倉卒之世。穀食乏匱。人民饑餓。自相啖食。豈其啖食死者。其精為歲月之神哉。神之口腹與人等。

人饑則食。飽則止。不爲起功。乃一食也。歲月之神。起功乃食。一歲之中。興功者希。歲月之神饑乎。倉卒之世。人民亡。室宅荒廢。興功者絕。歲月之神饑乎。且田與宅。俱人所治。興功用力。勞佚鈞等。宅掘土而立木。田鑿溝而起堤。堤與木俱立。掘與鑿俱爲。起宅歲月食。治田。獨不食。豈起宅時歲月饑。治田時飽乎。何事鈞。作同。飲食不等也。說歲月食之家。必銓（衡量也）功之小大。立遠近之步數。假令起三尺之功。食一步之內。起十丈之役。食一里之外。功有大小。禍有遠近。蒙恬（按史記恬齊人秦始皇二十六年恬爲將秦并天下。使恬築長城。）爲秦築長城。極天下之半。則其爲禍宜以萬數。案長城之造。秦民不多死。說歲月之家殆虛非實也。且歲月審食。猶人口腹之饑必食也。且爲已酉地有厭勝之故。畏一金刃。懼一死炭。豈閉口不敢食哉。如實畏懼。宜如其數。五行相勝。物氣鈞適。如泰山失火。沃以一杯之水。河決千里。塞以一掊之土。能勝之乎。非失五行之道。小大多少。不能相當也。天地之性。人物之力。少不勝多。小不厭大使三軍持木杖。匹夫持一刃。伸力角氣。匹夫必死。金性勝木。然而木勝金負者。木多而金寡也。積金如山。燃一炭火以燔爍之。金必不消。非失五行之道。金多火少。少多小大不鈞也。狠眾食人。人眾食狼。敵力角氣。能以小勝大者希。爭彊量功。能以寡勝眾者鮮。天道人物。不能以小勝大者。少不能服多。以一刃之金。一炭之火。厭除凶咎。卻歲之殃。如何也。

按堪輿家謂太歲所在之方。徙宅者亦有避忌。如觸犯太歲必遭災殃。此說之妄。漢儒王充著論衡難歲篇亦已詳辨矣。其畧曰。俗人險心。好信禁忌。知者亦疑。莫能實定。是以儒雅服從。工伎得勝。衡家吉凶之書代經典之義。工伎之說凌儒雅之論。今畧實論。令親覽總核是非。使世一悟。移徙法曰。徙抵太歲凶。負太歲亦凶。抵太歲名曰歲下。負太歲名曰歲破。故皆凶也。假令太歲在甲子。天下之人皆不得南北徙。起宅嫁娶亦皆避之。其後東西若徙。四維相之。如者皆吉。何者。不與太歲相觸。亦不抵太歲之衝也。實問避太歲者、何意也。令太歲惡人徙乎、則徙者皆有禍。令太歲不禁人徙、惡人抵觸之乎。則道上之人、南北行者皆有殃。太歲之意猶長吏之心也、長吏在塗、人行觸車馬、干其吏從長吏怒之。豈獨抱器載物、去宅徙居觸犯之者、而乃責之哉。昔文帝出過霸陵橋、有一人行、逢車駕、逃於橋下。以爲文帝之車已過、疾走而出、驚乘輿馬。文帝怒、以屬廷尉張釋之。釋之當論、論其罪如應當按論

漢書張釋之字季、河南南陽府裕州人、西漢文帝時拜爲廷尉。上行出中渭橋、有一人從橋下走、乘

輿馬驚。於是使騎捕之，屬廷尉。釋之治問。曰。縣人來。聞蹕。匿橋下。久以爲行過，旣出。見車騎，卽走耳。釋之奏當，此人犯蹕，當罰金。

使太歲之神行。若文帝出乎，則人犯之者。必有如橋下走出之人矣。方今行道路者暑溺仆死。何以知非觸遇太歲之出也，爲移徙者又不能處。不能處。則犯與不犯未可知。未可知。則其行與不行。未可審也。且太歲之神審行乎。則宜有曲折。不宜直南北也。長吏出舍。行有曲折。如天神直道不曲折乎。則從東西四維從者猶干之也若長吏之南北行。人從東如西。四維相之。如猶抵

觸之。如不正南北。南北之徙。又何犯。如太歲不動
行乎。則宜有宮室營堡。不與人相見。人安得而觸
之。如太歲無體。與長吏異。若煙雲虹蜺直經天地
極子午南北陳乎。則東西徙若四維徙者。亦干之。
譬若今時人行觸繁霧蝛氣。無從同縱橫負背也鄉。同嚮
皆中傷焉。如審如氣。人當見之。雖不移徙。亦當中
傷。如太歲體掩北方。當言太歲在北方。不當言在
子。其東有丑。其西有亥。明不專掩北方極東西之
廣。明矣。令正言在子位。觸土之中。直子午者。不得

南北徙耳。東邊直丑巳之地。西邊直亥未之民。何爲不得南北徙。如太歲不在天地極。分散在民間。則一家之宅。輒有太歲。雖不南北徙。猶抵觸之。假令從東里徙西里。西里有太歲。從東宅徙西宅。西宅有太歲。或在人之東西。或在人之南北。猶行途上東西南北。皆逢觸人。太歲位數千萬億。天下之民徙者皆凶。爲移徙者何以審之。如審立於天地之際。猶王者之位在土中也。東方之民。張弓西射人不謂之射王者。以不能至王者之都。自止射其處也。今徙豈能北至太歲位哉。自止徙百步之內何爲謂之傷太歲乎。且移徙之家。禁南北徙。以爲歲在子位。子者破午。南北徙者。抵觸其衝。故謂之凶。夫破者須有以椎破也。如審有所用。則不徙之民。皆被破害。如無所用。何能破之。實無凶禍。而虛禁南北。豈不妄哉。

按搜神記封神演義載太歲係紂太子殷郊所述各節。荒誕已極。且又彼此矛盾。見上三百十張無稽之談。無庸置辨。

壽星

引爾雅曰。壽星角亢也。註數起角亢。列宿之長。故曰壽。二十八宿。角。亢。氐。房。心。尾。箕。斗。牛。女。虛。危。室。壁。奎。婁。胃。昴。畢。觜。參。井。鬼。柳。星。張。翼。軫。

史記天官書曰。南極老人見。治安。不見。兵起。註正義曰。老人一星。在弧星名南。一曰南極。爲人主占壽命延長之應。常以秋分之曙。見於景。春分之夕。見於丁。見國長命。故謂之壽昌。天下安寧。不見。人主憂也。

史記封禪書曰。及秦并天下而於社亳索隱曰。徐廣云。京兆杜縣有亳亭。則合作杜亳。按前漢書作杜亳。顏師古曰。杜郎京兆杜縣。○按地理類編杜縣。今陝西漢中府鄠

縣地有壽星祠。〔註〕〔索隱〕曰。壽星蓋南極老人星也。見則天下理安。故祠之以祈福壽也

〔冊府元龜〕載開元（唐玄宗）二十四年。（丙子）詔曰。德莫大於生成。福莫先於壽考。苟有所主。得無祀之。壽星角亢也。既為列宿之長。復有壽星之名。秦時（[illegible]）已有壽星祠亦云舊矣。宜令所司特置壽星壇。宜祭老人星。

〔宋史禮志〕載景德（宋真宗）三年。（丙午）詔定壽星之祀。太常禮院言。案〔月令〕八月命有司享壽星於南郊。〔註〕云。秋分日祭壽星於南郊。壽星。南極老人星也。又案〔晉天

文志老人一星在弧（星名）南一曰南極常以秋分之日見於丙春分之夕沒於丁見則治平主壽昌常以秋分候之南郊後漢[illegible]於國都南郊立老人星廟常以仲秋祀之則壽星謂老人矣

明史禮志洪武（明太祖）元年[illegible]從太常司奏以秋分日祀壽星二年從禮部尚書崔亮奏以聖壽日祭壽星三年罷壽星祀

淵鑑類函引楊炯老人星賦曰南極之庭老人之星煜煜爚爚煌煌熒熒秋分之旦見於丙春分之夕入

乎丁。配神山之呼萬歲。符水德之兆千齡。

干寶搜神記曰。管輅按三國志魏書。輅字公明。山東濟南府平原縣人。精易學。兼通占相之術。曹魏元帝甘露元年卒。年四十八。至平原。見少年趙顏。貌壽不逾二十。乃告之。顏父求輅延命。輅曰。子歸覓清酒一榼。酒器也鹿脯一斤。卯日割麥地南大桑樹下。有二人圍棋。汝但酌酒致脯於前。他自飲之。飲盡便斟。以盡為度。若問汝。汝但拜之。慎勿言也。必合有人救汝。顏依言而往。果見二人圍棋。致脯斟酒於前。其人貪戲。但飲酒食脯。不顧。飲數巡。已戲終。北邊坐者舉首。忽見顔在吆。曰。何故在此。顔惟拜之。不對。南面坐人。語北面坐人曰。適來飲他酒宰。無情乎。北坐者曰。文書已定。南坐者曰。借文書看之。見趙子壽可十九歲。乃取筆挑上。語顔曰。救汝至九十年活。顔拜而回家。見輅。輅曰。北邊坐人。是北斗。南邊坐人。是南斗。南斗註生。北斗註死。凡人受胎。皆從南斗過至北斗。

〔辨〕按壽星或名老人星。或名南極。又名南斗。主人年壽。（見上十九[illegible]百）夫人之天壽。大造主之。非受造無靈之星。所得與聞也。壽星之祠。始見於秦代。（見上三百）

十九張 考始皇并吞六國。雄視寰區。無欲不遂。所不可必者壽耳。乃信術士延年之說。而創此祀。本無足怪。王充論衡。謂周文王九十七而薨。武王九十三而崩。周公出入百歲。邵公出入百有餘歲。按古帝賢相享此遐齡。未聞日禮壽星。而始皇在位三十七年。殂於沙邱。見上二百四張 後人亦當悟禱祠壽星之妄矣。漢唐以降。仍沿其謬。至明洪武三年。始罷祀。誠以其祀爲妄耳。至星之或現或隱。乃諸星躔次常律。非彼所能自主。見則壽昌。而兆千齡。此乃術士之妄談以欺不諳天文者也。

按南斗與北斗。在桑樹下博奕。趙顏攜酒提脯。置其前。助其奕興。藉以求壽。兩斗餔餟既。南斗取冊。將顏之命數十九。挑改九十。見上三百二十張噫。是何言歟。試問南北二斗。星乎。抑人乎。星不得變人。人不得變星。既為星。必不能博奕餔餟。趙顏以酒脯。而賺增七十餘年之壽。誕妄顯然。烏足取信。

按酉陽雜俎載僧一行按舊唐書一行姓張。初名遂。直隸大名府南樂縣人。出家為僧。唐玄宗[illegible]甚重之。幼時家貧。鄰有王姥濟之。及一行開元（廣玄宗卿）中承上敬遇。言無不可。常思報之。尋王姥兒殺人繫獄。姥求救於一行。一行令從大甕於渾天寺中。又密選常住奴二人。令將由廢園走出之七豕。捕而置於甕。覆以木蓋。封以朱題梵字數十。詰朝玄宗召一行。問曰。太史奏昨夜北斗不見。是何祥也。師有以禳之乎。一行曰。天將大警於陛下也。如臣曲見莫若大赦天下。玄宗從之。又其夕。太史奏北斗一星見。凡七日而復。此說雖屬不經但據所述。北斗可被髡僧咒化爲豕。執拘於甕。則北斗果為何物乎。彼南斗亦可類推而知矣。今俗敬壽星者。莫不供一皤髮老翁像。稱之曰老壽星。供香燭。頂禮叩拜。求賜延壽。禱之雖虔。終莫有驗。仍不自悟。良可慨也。

火神

【引】淮南子註曰。祝融。吳回。爲。高辛氏（帝嚳時）火。正。死。爲。火。神。託祀於竈。

【左傳】曰。故有五行之官。是謂五官。實列受姓氏。封爲上公。祀。爲。貴。神。火。正。曰。祝融。【註】祝融。明。貌。其祀。黎也。【疏】祝。甚也。融。明也。黎爲高辛氏火正。以焞燿敦大。光明四海。故命之曰祝融。

【又】曰。鄭災。禳於回祿。【註】回祿。火神。【疏】先儒註【左傳】及【國語】者。皆云回祿火神。或當有所見。特不知回祿祭何人。楚之先。吳回爲祝融。或云。回、祿、卽、吳回也。祭火、神、欲、令火自止。禳其餘災。慮更火也。

事物會原曰。通雅回祿。重黎之弟吳回。其子陸終。復、居火正、爲祝融。回祿合稱祿陸音通也。今稱火災曰回祿。原此。

尙史曰。顓頊生窮蟬（註按路史窮蟬父曰虞幕。蓋顓頊之苗裔。）又生稱。稱生卷章。卷章生重黎。吳回（註大戴禮顓頊生老童。老童生重黎。世本老童生重及黎、山海經老童生重及黎。帝令重獻上天。黎卬下地。國語南正重。司天。北正黎。司地。按此。重黎爲二人。而史與戴記爲一人。誤。又按唐書。重。少昊之後。黎、高陽之後。是又係出二本矣。）吳回生陸終。

重黎為帝嚳火正。甚有功。能光融天下。帝嚳命曰祝融。共工氏作亂。帝嚳使重黎誅之。不盡。帝乃以庚寅日誅重黎。而以其弟吳回為重黎後。復居火正為祝融。

路史曰。祝融氏以火施化。號赤帝。故後世火官因以為謂。都於會。（註）會在河南開封府新鄭縣東北三十里有古會城是也。其治百年。葬衡山（按明一統志衡山在河南衡州府衡山縣西三十里上有祝融峯乃祝融君遊息之所。）之陽。是以謂祝融峯。（註）祝。屬也。融。續也。能屬續三王之道以行之也。祝融氏號也。祝融職也。本非人名。黎爲祝融。回爲祝融。皆職。祝融峯南有祝融冢。張衡西漢人作思玄賦。盛弘。撰荊州記皆以爲黎墓。則不然。高辛時。黎爲祝融。黎死。吳回代之。而黃帝時。庸光亦爲祝融。何得指爲黎哉。此乃漢儒之臆說。白虎通以伏羲神農祝融爲三皇。

太平御覽引太公金匱曰。南海之神曰祝融。來謁周武王。時天寒。太公進以熱粥以禦寒。粥畢。見武王曰。謹來受命奉職。

山海經曰。南方祝融。獸身人面。乘兩龍。註火神也。

曹縣志載火神廟在縣城內東南。嘉靖丁未明世宗二十六年。秋河決入城。公私攜家棲城頭。遙見廟脊一、官人、鵠、立。烏、帽、朱、衣。面如、傅、粉。三日而沒。比、水退。始、知、為、火神。廟遂神之。為現靈云。

辨按火神號祝融。祝融者。火正官名。高辛時為火正。有顓頊裔孫重黎吳回陸終等。遂稱為火神。曰祝融。曰回祿。設祀祭之。欲令火自止。見上三百二十四張據此。火神之說。誠屬無稽。黎同等。當在官時。雖不縱火為災。然亦不能令火自止。況已作古人。而能之

乎。彼祀禱亦徒然耳。況重黎奉討共工氏。不能效

命。罪罹刑戮。又奚足稱哉。

按以火施化。始號之祝融。非高辛火正黎回。實係

高辛前。與伏羲神農合為三皇之祝融氏。又官祝

融者。非始自黎回。高辛前。黃帝時。已有庸光為祝

融。見上三百二十五張據此。祝融氏與庸光。不稱為火神。獨

以之稱重黎吳回。顯係註家臆說。詎有所見而云

然耶。

按稱祝融。又為南海神。食熱粥以禦寒。見上三百二十五張

祝融火神。雖兼爲海神。何畏寒如是。貪歠熱粥耶。
可笑甚矣。按獸面人身。或烏帽朱衣之火神。見上三百
二十五張怪誕不經。無待置辨。

水神

引水神。左傳曰。鄭災。禳於玄冥。註玄冥水神。疏玄冥祭修。熙祭水神。欲令水抑火。少皡氏有四叔。重該修熙。修熙爲玄冥。玄冥水官也。○事物異名錄引白澤圖曰。水之精名罔象。狀如小兒。赤目黑色。大耳長爪。又名慶忌。狀如人。乘車蓋。一日馳千里。以其名呼之。則可使入水取魚。○山海經曰。水伯曰天吳。虎身人面。八首八足八尾。皆青黃。註一云十尾。號曰谷神。河伯。續文獻通考引聖賢塚墓記曰。河伯姓馮名夷。

字公子。○龍魚河圖曰。河伯。姓呂名公子。夫人姓馮名夷。○四書字詁引抱朴子曰。馮夷。華陰（縣屬陝西同州府）人。以八月上庚日渡河溺死。（按史記正義。浴於河中而溺死。）天帝署爲河伯。○博物志曰。馮夷。華陰潼鄉人也。得仙道。化爲河伯。○穆天子傳曰。河伯無夷之所都居。是惟河宗氏。註。無夷。馮夷也。山海經云。冰夷。疏。山海經云。崑崙虛南所。有氾林。方三百里。從極（路史註作縱極。水經註作中極。）之淵。深三百仞。惟冰夷恒都焉。冰夷。人面乘兩龍。郭註山海經云。冰夷。馮夷也。淮南云。馮夷得道。以潛大川。

即河伯也。蓋河伯。上古之諸侯。有功德於民。故祀爲河宗氏也。從極之淵。深三百仞。馮夷都於其中。子孫邦於其側。爲河宗。○楚辭註曰。河伯化爲白龍遊於水旁。羿見射之眇其左目。

海神　事文類聚曰。陽國侯溺水。因爲大海之神。○山海經曰。海神名馬銜。一角而龍形。○淵鑑類函引三齊畧記曰。秦始皇於海中作石橋。欲過海觀日出處。海神爲之豎柱。始皇感其惠。通敬其神。求與相見。海神答曰。我形醜。莫圖我形。當與帝會。乃從石塘上入海三十餘里。相見。左右莫動手。巧人潛以腳畫其狀。神怒曰。帝負我約。速去。畫者溺於海。○古今說海遼陽海神傳載程宰士賢者。徽（安徽）人也。正德（明武宗年）閒。挾重貲商於遼陽。（山西遼州）數年所向失利。輾轉耗盡。受傭他商爲之掌計以餬口。戊寅初秋。一夕風雨暴作。程擁衾就枕。忽盡室明朗。殆同白晝。見三美人。朱顏綠鬢。翠飾冠帔。前後左右侍女數百。俄頃冠帔一人。向前逼床。誘程相接。二美人暨衆侍女俱退散。美人謂程曰。吾非仙也。實海神也。與子有夙緣。故相就耳。迨鄰舍雞鳴。美人辭去。自後夜靜即來。雞鳴即去。率以爲常云。

四海神。事物異名錄引黃庭遁甲緣心經曰。東海神名阿明。南海神名巨乘。西海神名祝良。北海神名禺彊。○龍魚河圖曰。東海君姓馮名修青。夫人姓朱名隱娥。南海君姓祝名赤。夫人姓翳名逸寥。西海君姓勾大名邱百。夫人姓靈名素簡。北海君姓是名禺帳里。夫人姓結名連翹。○山海經曰。東海渚中有神人面鳥身。珥兩黃蛇。（註以蛇貫耳）踐兩黃蛇。名曰禺虢。（按續文獻

（通考）禺虢即禺號，黃帝生禺陽，禺陽生號。按（路史註）禺號得道爲水神。南海渚中有神，人面珥兩青蛇，踐兩赤蛇，名曰不廷□余。按（續文獻通考）不廷□余，作不廷胡余。西海渚中有神，人面鳥身，珥兩青蛇，踐兩赤蛇，名曰弇茲。北海渚中有神，人面鳥身，珥兩青蛇，踐兩赤蛇，名曰禺彊。○（太平御覽）引（太公金匱）曰：南海之神曰祝融。東海之神曰勾芒。北海之神曰玄冥。西海之神曰蓐收。按（左傳註疏）顓頊之裔孫黎，爲高辛氏火正，曰祝融。少皡氏有四叔，重、該、修、熙。重爲木正，曰句芒。該爲金正，曰蓐收。修熙爲水正，曰玄冥。祝融、句芒、蓐收、玄冥，俱職名，非人名也。

波濤神（事物異名錄）引（淮南子）曰：波神曰陽侯。○（元眞子曰。濤之靈曰江胥。○事文類聚曰。吳相子胥爲濤之神。號曰靈胥。

江神。廣雅曰。江神謂之奇相。

川澤神。莊子達生篇曰。澤有蟡蛇。大如轂。其長如轅。紫衣而朱冠。惡聞雷車之聲。則捧其首而立。註蟡蛇。澤神。○事物異名錄引白澤圖曰。故澤之精。名冤。狀如蛇。一身兩頭五采。以其名呼之。可使取金銀。○正字通曰。涸川之精生蟡。一頭兩身。形如蛇。長八尺。以其名呼之。可使取魚鱉。

池神。太平御覽引幽明錄曰。晉孝武帝曜於殿北窗下清暑。忽見一著白夾黃練單衣。舉身沾濕。自稱華林池中之神。名曰淋涔也。若善見待。當相福祐。時帝飲已醉。取常所佩刀擲之。刀空過無礙。

漢神。元眞子曰。漢之神。曰河姑。○曹植洛神賦註曰。游女漢神也。

洛神。漢書音義曰。宓妃。宓羲伏羲氏之女。溺死洛水爲神。○洛神傳見龍威祕書龍女傳太和曹魏明帝叡[illegible]中處上蕭曠。自洛東遊。至孝義館。夜憩於雙美亭。時月朗風清。曠善琴。遂取琴彈之。夜半。調甚苦。俄聞洛水之上。有長歎者。漸相逼。乃一美人。曠因捨琴而揖之。曰。彼何人斯。女曰。洛浦神女也。昔陳思王有賦。卽曹植字子建。魏文帝丕同母弟。作洛神賦。子不憶邪。曠曰然。曠又問曰。或聞洛神卽甄皇后。按三國志魏書。文昭甄皇后姓甄。父名逸。母張氏。袁紹中子熙納之。及冀州平。魏文帝丕見其姿貌絕倫。遂納之。有寵。生明帝。後失寵。有怨言。帝怒。黃初二年。六月。遣使賜死。后謝世。陳思王遇其魂於洛濱。遂爲感甄賦。後覺事之不正。改爲洛神賦。寄意於宓妃。有之乎。女曰。妾卽甄后也。爲慕陳思王之才調。文帝怒而幽死。後精魄遇王於洛水之上。敘其冤抑。因感而賦之。覺事之不典。易其題。乃不謬矣。

太湖水神。蘇州府志曰。太湖水、神、俗、號水平王。舊傳后稷庶子。佐禹平水。誨人浚導。因祀之。又傳神為漢雍州（陝西鳳翔府）刺史郁使君。○太湖備考曰。郁使君吳人。（江蘇蘇州府）漢惠帝徵拜雍州牧。為政得體。及卒。祀為神。後唐同光（莊宗）二年。卅吳越王追封王。及二子左右將軍。

淮渦水神。路史引嶽瀆經曰。禹治淮水（在安徽鳳陽府。發源桐柏山。三至桐柏山。按明一統志在河南南陽府桐柏縣東南一里。淮水出其下。驚風迅雷。石號木鳴。土伯擁川。功不能興。禹怒。乃獲淮渦水神。渦水在安徽潁州府名無一作巫支祁。善應對言語。辨江淮之淺深。原隰之遠近。形若獿猱。縮鼻高額。青軀白首。金目䨮同雪牙。頸伸百尺。力逾九象。禹授之庚辰。禦字庚辰庚辰以大械鎖其頸。金鈴穿其鼻。徙之於龜山在安徽泗州盱眙縣之足。俾淮水永安。○輟耕錄曰。唐永泰代宗初。有漁人夜釣山下。其鈎為物所掣。沉水視之。見大鐵鎖繞山足。一獸形如青猿。兀若昏醉。涎沫腥穢。不可近○明一統志曰。相傳禹治水。鎖渦水神巫支祁於龜山之足。山西南有絕壁。下有重淵。即其處。唐永泰中李湯（李湯知江蘇淮安府山陽縣）以牛五十。引鎖出之。鎖末有一青猿。高五丈許。復拽牛沒水。

水仙蘇州府志曰。水仙即柳毅。○柳毅傳（見龍威祕書）曰。儀鳳（唐高宗年）中。有儒生柳毅者。應舉下第。將還湘濱。（湖南）取道涇陽（縣屬陜西長安府）見婦人牧羊道畔。曰。妾洞庭（蘇州府志云。按小說載柳毅傳書事。或以爲是湖南岳州之洞庭湖。又有以爲江蘇太湖之洞庭山。）龍君少女。父母配嫁涇川（涇河在陜西長安府涇陽縣）次子。夫壻爲婢

僕所惑毀黜至此聞君將還吳密通洞庭欲以尺書
寄託洞庭之陰有大橘樹焉鄉人謂之社橘君解帶
舉樹三擊當有應者毅月餘到鄉還家乃訪於洞庭
洞庭之陰果有社橘遂向樹三擊俄有武夫出於波
間再拜請曰貴客將自何所至毅曰謁大王耳武夫
揭水指路引毅以進遂至其宮武夫曰此靈虛殿也
俄見一人披紫衣執青玉武夫曰此吾君也毅曰毅
大王之鄉人也長於楚遊學於秦昨下第閒驅涇水
之涘見大王愛女牧羊於野風鬟雨鬢所不忍視遂

取書進之。洞庭君覽畢。掩面而泣。左右皆流涕。須臾宮中聞之。皆慟哭。君驚謂左右曰。疾告宮中。無使有聲。恐錢塘所知。毅曰。錢塘何人。曰。寡人愛弟也。昔為錢塘（江在浙江杭州府）長。今則致政矣。曰何故不使知。曰以其勇過人耳。昔堯遭洪水九年者。乃此子一怒也。語未畢。有赤龍長千餘尺。電目血舌。朱鱗火鬣。擘青天飛去。俄擁紅粧一人回。迫而視之。乃前寄辭者。君笑謂毅曰。涇水之囚人至矣。錢塘謂毅曰。涇陽之妻。欲求託高義。世為親戚。毅以殺其壻而納其妻。於義不可。辭歸。娶於張氏。亡。又娶韓氏。數月韓氏又亡。徙家金陵。常以鰥曠多感。欲求新匹。有媒氏告之曰。有盧氏女范陽（直隸順天府涿州治）人也。父名浩。嘗爲清流（安徽滁州治）宰。晚歲好道。獨遊雲泉。今則不知所在矣。母曰鄭氏。女前年適清河張氏。不幸而張夫早亡。母憐其女少艾。欲擇德以配焉。毅娶之。歲餘。生一子。笑爲毅曰。妾洞庭君女也。涇川之辱。君能救之。自此誓心求報。錢塘季父論親。不從。悵望成疾。父母欲配嫁於濯錦小兒。某遂剪髮以御。值君累娶不終。卜居於茲。遂得報君之意開元（唐玄宗號）中。相與同歸洞庭。莫知其跡。

（辨）按四海波濤。江淮河漢。川澤池湖。莫不各有其神。類皆非人非獸。形狀怪惡。究其來歷。類無根據。或矯指古時某某。或揑造無稽名目。更或謊稱怪形畜類。誨淫女妖。且又諸多歧異。彼此矛盾。即如所稱河伯。或謂即馮夷。或謂河伯姓呂名公子。馮夷乃其夫人。又如所謂四海之神。或稱爲阿門。巨乘等。或稱爲馮修青。視赤等。又或稱爲禺號。不廷胡余。人面鳥身諸怪。（見上三百二十八張）據此。河海等神來歷。離奇若此。試爲循理以衡之。不待智者而知其妄矣。

按淮渦水神無支祁。形若猨猱。頸伸百尺。阻禹治水。禹獲之。而鎖於龜山。（見上三百三十三張）使淮渦之開。果有此巨猨爲害。則惡獸也。非神也。禹旣獲之。何不卽誅之。祇鎖於山足。甚無謂也。抑豈不忍誅耶。崇伯鯀治水無功。舜猶殛之。僅戮一獸。當不爲過。設鐵械銹斷。而或逃脫。將逞忿爲害。不更可慮乎。除惡不盡。非計也。非禹行水之智也。則淮渦水神之說。一經窮詰其妄顯然矣。

按洞庭神少女嫁於涇川神次子。見黜牧羊。偶遇柳毅下第歸。託寄家書。毅攜書至洞庭。三擊橘樹。武夫出。揭水指路。引毅進見洞庭神。交出寄書。洞庭神敕亦龍飛去。領回少女。少女德毅。嫁之。毅遂成水仙。見上三百三十三張據此水仙之說。惝怳支離。眞如夢中囈語。敬水仙者。何不一究其來歷耶。考宋史孫子秀字元實浙江杭州府餘姚縣人紹定宋理宗五年。以進士。調吳縣屬江蘇蘇州府主簿。有妖人稱水仙太保。郡守王遂將使治之。莫敢行。子秀奮然請往。焚其廬。碎其像。沉其人於太湖。曰。實汝水仙之名矣。妖遂絕。審是。妖人假水仙之說。誑惑愚民。由來尚矣。惜子秀輩不可多得耳。

（引）漢王充著論衡書虛篇（見前三百十二張）曰。傳書言吳王夫差殺伍子胥。（按史記通鑑綱目。伍胥名員。楚人。事吳王闔廬夫差。周敬王三十六年。敗。夫差賜劍自刎。又取其尸盛鴟夷革。浮之江中。）煑之於鑊。乃以鴟夷橐投之於江。子胥恚恨。驅水為濤。以溺殺人。今時會稽丹徒大江。（按地理韻編。丹徒漢縣。屬會稽郡。今江蘇鎮江府丹徒縣西十八里。大江即揚子江。）錢唐浙江。按(地理韻編)錢唐(漢)縣屬會稽郡。今浙江杭州府錢塘縣西。按(一統志)浙江在浙江杭州府城西三里。出源安徽徽州府歙縣玉山。曲折而東。以入海。即錢塘江也。皆立子胥之廟。蓋欲慰其恨心。止其猛濤也。夫言吳王殺子胥投之於江。實也。言其恨恚驅水爲濤者。虛也。屈原懷恨自投湘江。按(史記)屈原名平。事楚懷王。頃襄王。以因讒被絀。憂憤投汨而死。○按(廣輿記)屈原五月五日。自投湖南長沙府湘陰縣汨羅江。湘江不爲濤。申徒狄蹈河而死。按(萬姓統譜)申徒狄賢人。湯以天下授之。耻不以義聞。已自投於河。○按(韓詩外傳)申徒狄非其世。將自投於河。崔嘉聞而止之曰。吾聞聖人仁士之於天地之間也。民之父母也。今爲濡足之故。不救溺人。可乎。申徒狄曰。不然。桀殺關龍逢。紂殺王子比干。而亡天下。吳殺子胥。陳殺泄冶。而滅其國。故亡國殘家。非無聖智也。不用故也。遂抱石。而沉於河。河水不爲濤。世人必曰屈原申徒狄。不能勇猛。力怒不如子胥。夫衛葅葅醢子路。而漢烹彭越。按（史記）彭越字仲。眾卒從漢高祖。後以功封梁王。後以誣反誅。子胥勇猛。不過子路。彭越。然二士不能發怒於鼎鑊之中。以烹湯葅汁。瀋漎旁人。子胥亦自先入鑊。乃入江。在鑊中之時。其神安居。豈怯於鑊湯。勇於江水哉。何其怒氣前後不相副也。且投於江中。何江也。有丹徒大江。有錢唐浙江。有吳通陵江。按（蘇州府志）通陵江作松陵江。一名吳淞江。自太湖分流。經吳江縣城東南。迤邐而東。至上海縣境。與黃浦合。入於海。或言投於丹徒大江。無濤。欲言投於錢唐。浙江。浙江。山陰江。上虞江。山陰。上虞。俱屬浙江紹興府。皆有濤。三江有濤。豈分橐中之體散置三江中乎。人若恨恚也。仇讐未死。子孫遺在。可也。今吳國已滅。夫差無類。吳爲會稽。立置太守。子胥之神。復何怨苦。爲濤不止。欲何求索。吳越在時。分會稽郡。越治山陰。吳都今吳。江蘇蘇州府餘暨。餘姚諸暨兩縣。俱屬浙江紹興府。以南屬越。錢唐以北。屬吳。錢唐之江。兩國界也。山陰上虞在越界中。子胥入吳之江爲濤。當自止吳界中。何爲入越之地。怨恚吳王。發怒越江。違失道理。無神之驗

也。周宣王殺其臣杜伯。按通鑑綱目周宣王四十三
年阼殺大夫杜伯。而非其罪。
○按周春秋杜伯郎杜國之伯。名恆。爲周大夫。宣王
之妾曰女鳩。欲通之。杜伯不可。女鳩訴宣王曰。恆竊
與妾交。宣王信之。乃使薛甫與司空錡殺杜伯。杜伯
旣死。卽爲人。見王曰。恆之罪何哉。王召祝。而以杜伯
語告之。祝曰。始殺杜伯。誰與王謀之。王曰。司空錡也。
祝曰。殺錡以謝之。王乃殺錡。使祝以謝杜伯。司空錡
爲人而至曰。臣何罪之有。王告皇甫曰。祝也與我謀
而殺人。所殺者。又皆爲人而見。奈何。皇甫曰。殺祝以
謝焉。又皆爲人而至。祝亦曰。我焉知之。奈何以爲罪
而殺臣也。後三年。王遊於圃田。從人滿野。日中。杜伯
乘白馬素車。司空錡爲左。祝爲右。朱衣朱冠。趙簡子
執朱弓朱矢。射宣王。中心折脊。伏弓矢而死。
按左傳趙簡子名鞅。晉殺其臣莊子義。其後杜伯射
大夫。周敬王時人。
宣王。莊子義害簡子。○按墨子昔者燕簡公殺其臣
莊子儀而不辜。子儀曰。死人無

知。亦已。死人有知。不出三年。必使君知之。明年。簡公將祀於祖塗。于儀荷朱杖而擊之。殪之車上。當是時。燕人從者莫不見。遠者莫不聞。事理似然。猶爲虛言。今子胥不能完體爲杜伯子義之事。以報吳王。而驅水往來。豈報讎之義有知之驗哉。夫地之有百川也。猶人之有血脈也。血脈流行。汎揚動靜。自有節度。百川亦然。其朝夕往來。猶人之呼吸氣出入也。天地之性。上古有之。經曰。江漢朝宗於海。唐虞之前也。其發海中之時。漾馳而已。入三江之中。殆小淺狹。水激沸起。故騰爲濤。廣陵按前漢書註。廣陵卽揚州。漢景帝四年。會稽郡錢唐等縣。屬揚州。曲江卽錢塘江有濤。

文人賦之。大江浩洋。曲江有濤。竟以隘狹也。吳殺其身。爲濤廣陵。子胥之神。竟無知也。溪谷之深。流者安洋。淺多沙石。激揚爲瀨。夫濤瀨一也。謂子胥爲濤。誰居溪谷爲瀨者乎。濤之起也。隨月盛衰。小大滿損不齊同。如子胥爲濤。子胥之怒。以月爲節也。三江時風揚疾之波。亦溺殺人。子胥之神。復爲風也。秦始皇渡湘水遭風。問湘山何祠。左右對曰。堯之女。舜之妻也。始皇大怒。使刑徒三十人斬湘山之樹而履之。夫謂子胥之神爲濤。猶謂二女之精爲風也。

〔辨〕按伍胥爲濤神。漢儒王充反覆指斥。直抉其妄。正令人莫贊一辭。則四海江湖。河漢川澤諸神。均可連類推之。無庸逐一置辨矣。

〔引〕史記載魏文侯（戰國周威烈王時）時。西門豹爲鄴（今河南彰德府臨漳縣西南。）令。會長老問之民所疾苦。長老曰。苦爲河伯娶婦。豹問其故。對曰。鄴三老廷掾。嘗歲賦斂百姓。收取其錢。得數百萬。用其二三十萬。爲河伯娶婦。與祝巫共分其餘錢持歸。當其時。巫行視人家女好者。云是當爲河伯婦。卽聘取。爲治新衣。閒居齋戒。治齋宮河上。女居其中。行十餘日。共粉飾之。如嫁女床席。令女居其上。浮至河中。始浮行數十里。乃沒。其人家有好女者。以故多持女遠逃亡。民人俗語曰。卽不爲河伯娶婦。水來漂沒溺其人民云。西門豹至其時往會之河上。三老官屬豪長者里父老皆會。以人民往觀之者。二三千人。其巫老女子也。已年七十。從弟子女千人所。皆衣繒單衣。立大巫後。西門豹曰。呼河伯婦來。視其好醜。卽將女出帷中來。至前。豹視之。顧謂三老巫祝父老曰。是女子不好。煩大巫嫗爲入報河

伯得更求好女後日送之卽使吏卒共抱大巫嫗投
之河中有頃曰巫嫗何久也弟子趣之復以弟子一
人投河中有頃曰弟子何久也復使一人趣之復投
一弟子河中凡投三弟子西門豹曰巫嫗弟子是女
子也不能白事煩三老爲入白之復投三老河中嚮
河立待良久長老吏傍觀者皆驚恐西門豹顧曰巫
嫗三老不來還奈之何欲復使廷掾與豪長一人趣
之皆叩頭叩頭且破額血流地色如死灰西門豹曰
諸且留待之須臾須臾豹曰廷掾起矣狀河伯留客

之久若皆罷去歸矣鄴吏民大驚恐從是以後不敢復言爲河伯娶婦

【辨】按鄴之巫覡里老强令女子投河名爲河伯娶婦實則斂財肥己民雖苦之奈脅於威勢惑於邪說亦莫敢誰何幸鄴令西門豹洞燭其奸以子之矛陷子之盾救無辜之弱女投巫老於河中詞色委婉懲戒綦嚴河伯娶婦之惡俗自此而革巫老苛斂之陋習由是而除豹誠良吏矣哉世無西門豹而妖巫鄉蠹乃得假以神道設教之名行其以

神道售奸之計。亦風俗之憂也。

風伯　雨師

引尚書洪範曰。星有好風。星有好雨。傳箕星好風。畢星好雨

周禮大宗伯曰。以槱燎（槱。積也。槱燎。無玉帛。止有牲積而燔祭也。）祀風師。雨師。疏春秋緯云。月離於箕。風揚沙。故知風師箕也。

詩云。月離於畢。俾滂沱矣。是雨師畢也。

風俗通曰。楚辭說。後飛廉。使奔屬。飛廉。風伯也。蓬案

周禮以槱燎祀風師。風師者。箕星也。箕主簸揚。能致風氣。易巽（巽卦爲風）爲長女也。長者。伯。故曰風伯。又曰條

秋左氏傳說共工氏之子爲玄冥師鄭大夫子產禳於玄冥雨師也謹案周禮以槱燎祀雨師雨師者畢星也易師卦也坎師卦象曰師衆也土中之衆者莫若水衆者師也故雨獨稱師也

蔡邕獨斷曰風伯神箕星也其象在天能興風雨師神畢星也其象在天能興雨祀此神以報其功也

前漢書郊祀志二十八宿風伯雨師顏師古註曰風伯飛廉也按呂氏春秋風師曰風廉雨師屏一作荓或作蓱翳也按廣雅雨師謂之荓翳按史記召屏翳註雷師也一曰屏號按楚辭蓱號起雨註蓱翳雨師名號呼也

而說者乃謂風伯箕星也。雨師畢星也。此志（謂漢書郊祀志）既言二十八宿（箕畢二星亦在二十八宿之內。見前三百十九張）又有風伯雨師。則知非箕星畢星也。

事物異名錄曰。風神名巽二。又名封姨。又名方道彰。雨師名馮修。號曰樹德。又名陳華夫。

列子曰。赤松子。神農時雨師也。（按芥子圖畫傳。赤松子。神農時雨師。煉神服氣。能入水不濡。入火不焚。至崑崙山。乘風雨上下。炎帝少女追之。俱仙去。高辛時。復爲雨師。閒遊人間）

重增搜神記曰。雨師神。商羊是也。商羊神鳥。一足。能大能小。吸則溟（海也）渤（海別支也）可枯。（按王肅註家語。齊有一足之鳥。飛集於公朝。

下止於殿前，舒翅而跳。齊侯大怪之，使使聘魯問孔子。孔子曰：此鳥名曰商羊，水祥也。昔童兒有屈其一腳，振訊兩眉而跳，且謠曰：天將大雨，商羊鼓舞。今齊有之，其應至矣。急告民趨治溝渠，修隄防，將有大水為災。頃之，大霖雨，溢泛諸國，傷害民人，唯齊有備不敗。景公曰：聖人言，信而有徵矣。

山海經曰：雨師妾為人黑面，兩手各操一蛇，左耳有青蛇，右耳有赤蛇。註：雨師如蛹。蠶化為蛹，蛹化為蛾。雨師有妾，如姮娥、織女、宓妃等耳。

五禮通考曰：案風雨雲雷之屬，皆陰陽闔闢噓吸之氣也。謂各有神司之者，蓋有一物，必有一物之精氣，物愈大，而其氣之發揚變化者，則謂之神。鄭司農漢儒鄭玄註周禮云。風師箕也。雨師畢也。皆以星宿目之。顏師古註漢書則云。風伯飛廉也。雨師屏翳也。二說皆非也。顏氏據漢志。而知風師雨師非箕畢。見上三百四十三張良是。但從楚詞而爲之名字。顏師古由楚詞取飛廉屏翳之名。非由經典。儒者所不敢道也。案風師雨師皆天神也。

史記封禪書曰。及秦并天下。而雍有風伯雨師廟。歲時奉祀。

春明夢餘錄曰。洪武二年。明太祖禮官言風雨師之祀見於周官。秦漢隋唐亦皆有祭。天寶唐玄宗中。升爲中祀。宋元因之。今宜以風雨與太歲嶽瀆城隍。合爲一壇。春秋祀之。詔可。

辨 按風伯稱係箕星。雨師稱係畢星。周秦以來。歲時奉祀。見上三百四十三張 但風雨之性理。格物士論之詳矣。謂風也者。即地上之氣。受日熱蒸而上騰。他處之氣。流移以補其缺。謂之曰風。如水貯於盤。以杓挹之。旁水即流移以填其空。風行有徐有疾。一時入刻也而行六里者。水雲不動。一時而行三十里者。水紋烟捲。一時而行百里者。松竹有聲。一時而行二百里者。飛燕斜退。一時而行三百里者。帽落塵揚。一時而行四百里者。海波淵濤。一時而行五六百里者。樹拔桅傾。飛沙走石。此風勢之大畧。隨在皆然者也。又暑天多南風。寒天多、北風。蓋赤道邇北多陸地。地面之氣。熱於水面之氣。且夏季北極向日。其地爲尤熱。熱則氣輕而上升。故海風自南來補其缺。若冬季則南極向日。北極陰寒。故朔風自北而來。以塡其隙。此夏南冬北之原由也。風之所以然如是。於箕星無涉也。雨也者。江海之水。地面之溼。日蒸爲汽。體輕上騰爲雲。隨風飄揚移徙。遇冷而凝。下墜爲雨。此乃雨之所以然。於畢星無與也。則風也雨也。通氣以逐暑。汎灑以潤苗。皆大造無爲之化也。人乃不敬造物大主。而祀毫無干涉之星。噫。亦愚矣哉。

按唐儒顏氏師古。謂風雨兩師。非箕畢二星。乃飛廉屏翳。見上三百四十三張說尤荒妄。飛廉爲誰。考尚史。飛廉。紂[illegible]之佞臣。字處父。子名惡來。廉善走。惡來有力。手裂虎兕。註晏子春秋父子俱以材力事紂。武王伐紂。並殺惡來。驅飛廉於海隅而戮之。又考前漢書註飛廉。神禽。能致風氣。身如鹿。頭如爵。同雀有角而蛇尾。文如豹文。則風師飛廉。或係佞臣。或卽怪獸也。屛翳爲誰。未經考證。查山海經。北海之內。有五采之鳥。飛蔽一鄉。名曰翳鳥。屛翳。卽翳鳥之屬乎。或係商羊之類乎。抑係世傳無稽之赤松子乎。見上三百四十三張夫怪獸怪鳥。佞臣與無稽之人。謂能致風致雨。奚其可乎。

按或稱雨師。係玄冥師。見上三百四十三張但考左傳註疏。

少皞氏有四叔曰重曰該曰熙曰修熙及修爲玄冥師金天氏有裔子曰昧爲玄冥師註疏玄冥水官也師長也謂水官之長也則玄冥乃熙修昧等五帝時水官也又考左傳昭公十八年鄭災子產禳於玄冥註玄冥水神也疏玄冥祭修熙祭水神欲令水抑火寗是玄冥本水官後人尊之爲水神責以令水滅火後又以施雨滅火爲尤捷更神之爲雨師修熙等果能克盡厥職矣乎

按五禮通考謂風雨卽陰陽闔闢噓吸之氣其氣

之精者。發揚變化。乃爲司之之神。風師雨師。卽天神也。（見上三百四十四張）據此。司風雨者。旣稱爲神。應是含靈之體。然所稱風雨精氣爲神。夫氣。本形體頑質。風雨精氣。仍是風雨。況風係空中元氣。日蒸所致之動流。雨爲空中浮汽。冷逼而凝之滴水。均係無靈之物。旣稱爲精。又稱爲神。語殊蒙混。且又以爲卽天神。則此神何自而有。令之司者爲誰。設謂自有而自得司。此說甚屬悖理。蓋自有者。止有一上主。上主外。不得再有自有者。（詳見天主實義、眞道自證等書）或謂爲上主所造奉上主命而得司者。此說近之。風雨有無派司之神。玆姑不論。設或有之。亦不應以非理之禮敬之。更不應止敬其神。而不敬造神命神之上主也。

按今俗塑風伯像。白鬚老翁。左手持輪。右手執箑。若扇輪狀。稱曰風伯方天君。又塑雨師像。烏髯壯漢。左手執盂。內盛一龍。右手若灑水狀。稱曰雨師陳天君。好事者。圖玆幻像。以爲風由老翁所扇。雨由壯漢所灑。竟有確信而不疑者。世俗好怪。一至於是。

雷公　電母

引 前漢書 載漢平帝元始三年。[illegible] 王莽奏分雷公。風伯。廟於東郊奏可。

文獻通考 載天寶 唐玄宗 五年。[illegible] 詔曰。發生振蟄雷爲其始。今雨師風伯。久列於常祀。惟此震雷。未登於羣望。其已後每祀雨師。宜以雷師同壇。按五禮通考明儒邱濬曰。此後世祀雷之始。

釋名 曰。雷者。如轉物。有所硍。音郎。大聲也。雷之餘聲也。

抱朴子 曰。雷。天之鼓也。

淵鑑類函引河圖帝紀通曰。雷天地之鼓也。

任昉述異記曰。八方之荒。有石鼓。其徑千里。撞之其音郎成雷也。天之中威於此。

王充論衡曰。圖畫之工。圖雷之像。纍纍如連鼓之形。又圖一人。若力士之容。謂之雷公。使之左手引連鼓。右手推椎。若擊之狀。其意以爲雷聲隆隆者連鼓相扣擊之意也。其魄然若敝裂者。椎所擊之聲也。其殺人也。引連鼓相椎并擊之矣。世又信之。莫謂不然。

沈括夢溪筆談曰。世人有得雷斧雷楔者。云雷神所墜。多於震雷之下得之。而未嘗親見。元豐宋神宗年號中。予沈括自謂也。居隨州屬湖北德安府夏月大雷。震一木折。其下乃得一楔。信如所傳。凡雷斧多以銅鐵為之。楔乃石耳似斧而無孔。

太平御覽引孟奧北征記曰。臨賀今廣西平樂府賀縣有石方二丈。有磨石斧跡。春夏常明淨。其跡甚新。秋冬則苔穢。故為雷公磨石。

淮南子曰。雨師灑道。風伯掃塵。電為鞭策。雷為車輪

太平御覽引神異傳曰。東王公與玉女投壺。誤而不

接天爲之笑開口流光今電是也

李肇國史補曰雷州（屬廣州）春夏多雷無日無之雷公秋冬則伏地中其狀如彘人取而食之

又曰謝仙者雷部中鬼也夫婦皆長三尺其色如玉掌行火於世間

搜神記曰扶風（屬陝西西安府涇陽縣）楊道和夏於田中值天雷雨止桑樹下霹靂擊之道和以鋤格其肱遂落地不得去色如丹目如鏡毛角長三尺餘狀如六畜頭如獼猴

山海經註曰雷神龍身而人頭鼓腹而遨遊有道則見

法苑珠林載義興（江蘇常州府宜興縣）人姓周永和（晉穆帝年號）中出都行日暮道邊有一新小草屋見女子出門望年可十六七姿容端正衣服鮮潔見周過謂曰日已暮前村尚遠詎得至周便求寄宿女爲燃火作食向一更聞外有小兒喚阿香聲女應曰諾尋云官喚汝推雷車女乃辭行夜遂大雷雨向曉女還周既上馬看所宿處止見一新冢

尚書洪範五行傳曰。雷於天地為長子。以其首長萬物。與其出入也。雷出地百八十三日而復入。入則萬物入地。百八十三日而復出。出則萬物亦出。此其常經也。

太平御覽引春秋合誠圖曰。軒轅星主雷雨之神。

淮南子曰。季春三月。豐隆乃出。以將其雨。許慎註曰。豐隆雷師。按佩文韻府通作靊霳。水經作封隆。

穆天子傳註疏曰。吉日辛酉。天子升於崑崙之邱。以觀黃帝之宮。而封豐隆之葬。郭璞註曰。黃帝巡遊四海登崑崙山。起宮室於其上。豐隆筮。御雲得大壯卦。按離騷豐隆乘雲。郭璞注。豐隆筮師。一曰雷。在天上大壯。遂為雷師。封謂增高其上土也。以標顯之耳。疏王逸註楚詞以豐隆為雲師。

明一統志載。雷公廟在廣東雷州府之西南八里。舊記云。陳太建宣宗初。雷州民陳氏者。因獵獲一卵。圍及尺餘。攜歸家。忽一日霹靂而開。生一子。有文在手。曰雷州。後養成名文玉。鄉俗呼為雷種。後為本州刺史。在任多善化。歿而有靈。鄉人立廟祀之。宋[illegible]元[illegible]累封王爵。廟號顯震德祐。宋神宗朝中。更名威化云。按搜荒雜錄。昔陳氏因雷雨晝冥。庭中得大卵。覆之數月。卵破有嬰兒出焉。自後日有雷扣擊戶庭。入其室中。就於兒所若乳哺者。歲餘兒能食。乃不復至。遂以爲己子。牙門將陳義。即卵中兒也。

封神演義載雷部正神。乃聞仲也。額有三目。中目一睜發出白光一道。計長二尺餘。商紂朝拜相稱太師。嘗騎黑麒麟周遊天下。霎時可行千里。會姬周伐商。仲秉黃旄白鉞。得專征伐。領兵三十萬衆。西往拒周。迭次失機見挫。逃奔燕山。遇赤精子。（見前二十九張）交戰數合。赤精子取出陰陽鏡。向聞仲之麒麟一繞。麒麟即跳出圍外。逃奔。隨被周將雷震子。將棍一揮。打爲二段仲走至絕龍嶺。又被周將雲中子截止去路。雲中子遂用手發雷。平地陡出八根通天神火柱。高三丈餘。圓丈餘。仲困在柱中。每柱現出四十九條火龍。烈焰飛騰。四面霹靂。雷吼震地。仲遂死於柱中。迨周克商後。姜子牙（見前二百六十張）登封神臺。令仲來壇受封。仲至臺下不跪。子牙執鞭與令跪聽受封。仲乃跪。子牙曰。今奉太上元始（見前五十七張）勅命。爾聞仲曾入名山。證修大道。雖聞朝元之果。未眞至一之諦。登大羅（按閬苑七闕上一天名曰大羅。在玄都玉京之上。）而無緣。位人臣之極品。輔相兩朝。竭忠補衮。雖刦運之使然。其貞烈之可憫。今特令爾督率雷部。興雲佈雨。萬物託以長養。誅逆除奸。善惡由之禍福特勅封爾爲九天應元雷聲普化天尊之職。仍率領雷部二十四員。催雲助雨。護法天君。任爾施行。爾其欽哉。

稽神錄曰。江西村中霆震。一老婦爲電火所燒。一臂盡傷。既而空中有呼曰。誤矣。即墜一瓶。瓶中有藥如膏。曰。以此傅之即瘥。如其言。隨傅而愈。家人共議。此神藥也。將取藏之。數人共舉其瓶。不能動。頃之。復有雲雨收之而去。又有村人震死。既而空中呼曰。誤矣。
可取蚯蚓爛搗覆臍中當蘇。如言傳之。遂蘇。
穀梁傳曰。陰陽相薄。感而爲雷。激而爲電。
性理大全曰。程子曰。電者陰陽相軋。雷者陰陽相擊
也。○問。人有死於雷霆者。無乃素積不善。常歉然於
其心。忽然聞震。則懼而死乎。曰。非也。雷震之也。然則
雷孰使之。曰。夫爲不善者。惡氣也。赫然而震者。天地
之怒氣也。相感而相遇故也。曰。雷電相因何也。曰動
極則陽形也。是故鑽木戛竹。皆可以得火。夫二物者。

未嘗有火也。以動而取之故也。

又曰。或問雷霆何爲而然者。有形耶。有神耶。致堂胡氏（宋儒胡寅字明仲）曰。古人未之言也。然先達大儒亦嘗明其理矣。蓋天地之間。無非陰陽聚散闔闢之所爲也。可以神言。不可以形論。非如異學所謂龍車石斧鬼鼓。火鞭。怪誕之難信也。故其言曰。陰陽凝聚。陽在內而不得出。則奮擊而爲雷霆。雖聖人復起。不能易矣。凡聲。陽也。光。亦陽也。光發而聲隨之。陽氣奮擊。欲出之勢也。雷緩小。則震亦緩小。電迅大。則震亦迅大。震電交至。則必有雨震而不電電而不震則無雨。由陰氣凝聚之有疎緩迅密也。曰。世人所得雷斧者。何物也。曰。此猶星隕而爲石也。本乎天者。氣而非形。偶隕於地。則成形矣。然而不盡然也。曰。雷之破山壞廟。折樹殺人者。何謂也。曰。先儒以爲陰陽之怒也。氣鬱而怒。方爾奮擊。偶或值之。則遭震矣。然而不盡然也。曰。電之閃鑠激疾。如金蛇飛騰之狀。何謂也。曰。光之發也。惟光耳。適映雲際。則如是。不當乎雲之際而在同雲之中。則無此矣。凡天地造化之迹。苟不以理推之。

必入於幻怪僞誕之說。而終不能明。故君子窮理之爲要也。

〔又〕曰。朱子曰。雷如今之爆杖。蓋鬱積之極而迸散者也。

〔辨〕按雷之爲物。或謂如轉物。或謂天地之鼓。又謂徑長千里之石鼓。謂雷公手椎之連鼓。謂雷神所用之銅斧石楔。謂雷是車輪。電是鞭策。謂雷是天笑開口之流光。一說謂雷狀如蒜。人可取食。謂雷狀如六畜。毛長三尺。頭如獮猴。至有謂雷部有三尺長之鬼。謂雷部有推車之女鬼。甚謂雷是天地長子。半年出地。半年入地。又謂主雷之神。係軒轅星。又謂係黃帝時籛師豐隆。又謂係商紂朝太師聞仲。又謂係卵被雷劈所生子陳文王。見上三百五十張種種怪誕不經之說。雖文人間或引爲典故。亦不過敷藻詞章。究無有信爲實然者。茲亦無庸置辨。至雷殺之人。以蚯蚓覆臍。可得回生。見上三百五十五張噫。是何言歟。

按雷之何由而發。穀梁謂陰陽相感爲雷。胡明仲謂陰陽之氣凝聚奮擊乃爲雷霆（見上三百五十九張）此說尙爲近是蓋格物士謂空際有氣曰電氣與生氣迥異其本質具陰陽二性萬物之中陰陽二電務須調和如空際二雲一具電陰氣一具電陽氣二雲相近勢必彼此接引當兩類電氣相迎時空中之氣驟分驟合勢力甚猛如敲石生火發箭閘颰啟瓶開彭因是聲轟光現光爲閃電聲爲雷霆而光穿氣較速故先見聲乃隨之聲愈緩知雷愈遠此乃雷霆之所以然（詳見博學格物書）

雷非空際之鼓明

甚。且非如豨如猴之獸也。尤非軒轅星主乎其閒者也。更非箕師豐隆。太師聞仲。與卵中之子陳文玉。神乎其中者也。至明仲謂雷可以神言不可以形論。殆非謂雷電爲無形神體。特謂其不可持擊如車斧鼓鞭等物。蓋明仲旣謂雷可聞可見。豈復謂其爲神體耶。故曰明仲之釋雷於理差近。

按今俗塑雷神像。若力士裸胸袒腹。背插兩翅。額具三目。臉赤如猴。而下頦長而銳。足如鷹鸇。而爪更厲。左手執楔。右手持槌。作欲擊狀。自頂至傍。環懸連鼓五個左足盤躡一鼓稱曰雷公江天君。又塑電神像其容如女貌端雅兩手各執鏡號曰電母秀天君廟中置此二像鄉民燃燭焚香敬爲雷電之神噫妄甚矣雷豈鼓聲電豈鏡光哉好事者圖此二像亦可謂想入非非也矣。

（引）漢王充著論衡曰盛夏之時雷電迅疾擊折樹木壞敗室屋時犯殺人世俗以爲擊折樹木壞敗室屋者天取龍（見前二百五十二張）其犯殺人也謂之陰過飲食人以不潔淨（飼人以不潔之物）天怒擊而殺之隆隆之聲天怒

之音若人之响吁矣。世無愚智莫謂不然。推人道以論之虛妄之言也。夫雷之發動。一氣一聲也。折木壞屋。亦犯殺人。犯殺人時。亦折木壞屋。獨謂折木壞屋者。天取龍。犯殺人。罰陰過。與取龍吉凶不（取龍吉也殺人凶也）同。並時共聲。非道也。論者以爲隆隆者。天怒响吁之聲也。此便於罰過。不宜於取龍。罰過。天怒可也。取龍龍何過而怒之。如龍神。天取之。不宜怒。如龍有過。與人同罪。龍殺而已。何謂取也。殺人。怒可也。取龍龍何過而怒之。殺人不取。殺龍取之。人龍之罪。何別。而其殺之何異然則取龍之說既不可聽罰過之言復不可從何以效之案雷之聲迅疾之時人仆死於地隆隆之聲臨人首上故得殺人審隆隆者天怒乎怒用口之怒氣殺人也口之怒氣安能殺人人為雷所殺詢其身體若燔灼之狀也如天用口怒口怒生火乎且口着乎體口之動與體俱當擊折之時聲着於地其衰也聲着於天夫如是着地之時口至地體亦宜然當雷迅疾之時仰視天不見天之下(不見天垂下)不見天之下則夫隆隆之聲者非天怒也天之怒與人無

異。人怒。身近人。則聲疾遠。人。則聲微。今天聲近。其體遠。非怒之實也。且雷聲迅疾之時。聲東西或南北。如天怒體動。口東西南北。仰視天。亦宜東西南北。或曰。天已東西南北矣。雲雨冥晦。人不能見耳。夫千里不同風。百里不共雷。易曰。震驚百里。雷電之地。雷雨晦冥。百里之外。無雨之處。宜見天之東西南北也。口著於天。天宜隨口。口一移。普地皆移。非獨雷雨之地。天隨口動也。且所謂怒者誰也。天神耶。蒼蒼之天也。如謂天神。神怒無聲。如謂蒼蒼之天。天者體不怒。怒用口。且天地卽民父母也。子有過。父怒笞之致死。而母不哭乎。今天怒殺人。地宜哭之。獨聞天之怒。不聞地之哭。如地不能哭。則天亦不能怒。且有怒則有喜。人有陰過。亦有陰善。有陰過。天怒殺之。如有陰善。天亦宜以喜賞之。隆隆之聲。謂天之怒。如天之喜。亦哂然而笑。緣人以知天。宜盡人之性。人性怒則呴吁。喜則歌笑。比聞天之怒。希聞天之喜。比見天之罰。希見天之賞。豈天怒不喜。貪於罰。希於賞哉。何怒罰有效。喜賞無驗也。且雷之擊也。折木壞屋。時犯殺人。以爲天怒時或徙雷無所折敗亦不殺人天空怒乎人君不空喜怒喜怒必有賞罰無所罰而空怒是天妄也妄則失威非天行也而雷如用擊折者爲怒不擊折者爲喜則夫隆隆之聲不宜同音人怒喜異聲天怒喜同音與人乖異則人何緣謂之天怒說雨者以爲天施氣天施氣氣渥爲雨潤萬物名曰澍人不喜不施恩天不悅不降雨謂雷天怒雨者天喜也雷起常與雨俱如論之言天怒且喜也人君賞罰不同日天之怒喜不殊時天人相違賞罰乖也且飲食人以不潔

天殺之乃犬豕食人腐臭食之天不殺也如以人貴而獨禁之則鼠洿人飲食人不知誤而食之天不殺也如天能原鼠則亦能原人人誤以不潔淨飲食人人不知而食之耳豈故舉腐臭以予之哉如故予之。人亦不肯食道士劉春熒惑楚王英（見前五十一張）使食不清春死未必遇雷也舟人洿溪上流人飲下流舟人不雷死或論曰飲食不潔淨天之大惡也殺大惡不須時王者大惡謀反大逆無道也天之大惡飲食人不潔清天之所惡小大不均等也如小大同王者宜

法天制飲食人不潔清之法爲死刑也聖王有天下
制刑不備此法聖王闕畧有遺失也或論曰鬼神治
陰王者治陽陰過闇昧人不能覺故使鬼神主之曰
陰過非一也何不盡殺案一過非治陰之義也圖畫
之工圖雷之狀纍纍如連鼓之形又圖一人若力士
之容謂之雷公使之左手引連鼓右手推椎若擊之
狀其意以爲雷聲隆隆者連鼓相扣擊之意也其魄
然若敝裂者椎所擊之聲也其殺人也引連鼓相椎
并擊之矣世又信之莫謂不然如復原之虛妄之象

也。夫雷非聲。則氣也。聲與氣。安可推引。而爲連鼓之形乎。如審可推引。則是物也。相扣而音鳴者。非鼓即鐘也。夫隆隆之聲。鼓與鐘邪。如審是也。鐘鼓而不空懸。須有簨簴。然後能鳴。今鐘鼓無所懸著。雷公之足。無所蹈履。安得而爲雷。或曰。如此固爲神。如必有所懸著。足有所履。然後而爲雷。是與人等也。何以爲神。曰。神者恍惚無形。出入無門。上下無根。故謂之神。今雷公有形。雷聲有器。安得爲神。如無形。不得爲之圖象。如有形。不得謂之神。雷公頭不懸於天。足不蹈於地安能為雷公飛者皆有翼物無翼而飛謂仙人畫仙人之形為之作翼如雷公與仙人同宜復著翼使雷公不飛圖雷家言其飛非也使實飛不為著翼又非也（王充時圖雷公無翼充駁之今俗塑雷公插翅蓋因王充駁之故耳）大如是圖雷之家畫雷之狀皆虛妄也且說雷之家謂雷天怒呴呼也圖雷之家謂之雷公怒引連鼓也審如說雷之家則圖雷之家非審如圖雷之家則說雷之家誤二家相違也夫雷火也氣剡人人不得無迹如炙處狀似文字人見之謂天記書其過以示百姓是復虛妄

也使人盡有過天用雷殺人殺人當彰其惡以懲其後明著其文字不當闇昧雷書不著故難以懲後夫如是火剡之跡非天所刻書也何以驗之雷者火也以人中雷而死即詢其身中頭則鬚髮燒焦中身則皮膚灼燌臨其尸上聞火氣當雷之時電光時見大若火之耀當雷之擊時或燔人室屋及地草木此皆雷之為火之驗言雷為天怒無一效驗也然則雷為天怒虛妄之言雖曰論語云迅雷風烈必變禮記曰有疾風迅雷甚雨則必變雖夜必興衣服冠而坐懼天

怒。畏罰及己也。如雷不爲天怒，其擊不爲罰過，則君子何謂爲雷變動，朝服而正坐。子曰。論語所指，禮記所謂，皆君子也。君子重慎，自知無過。如日月之蝕，無陰闇食人以不潔淨之事，內省不懼，何畏於雷。審如不畏雷，則其變動，不足以效驗也天怒。何則，不爲己也。如審畏雷，亦不足以效罰陰過。何則，雷之所擊多無過之人。君子恐偶過之，故恐懼變動。夫如是，君子變動，不能明雷爲天怒，而反著雷之妄擊也。妄擊不罰過，故人畏之。如審罰有過，小人乃當懼耳。君子之人，無爲恐也。宋王問唐鞅曰。寡人所殺戮者衆矣。而羣臣愈不畏。其故何也。唐鞅曰。王之所罪。盡不善者也。罰不善善者。胡爲畏。王欲羣臣之畏也。不若毋辯其善與不善。而時罪之。斯羣臣畏矣。宋王行其言。羣臣畏懼。夫宋王妄刑。故宋國大恐懼。雷電妄擊。故君子變動。君子變動。宋國大恐之類也。

（辨）按世俗以雷謂天怒。雷殺人。謂罰陰過。此說之妄。漢儒王充辨之切矣。雷固非天怒。又非以罰陰過者也。上主初造萬彙。各畀之性。使之循性。行其自然如火性燥。遇物輒焚。且不得不焚。上主亦任彼自然。不改其度。如偶或阻其性之自然。則爲靈跡。惟上主獨能之。空際電氣。遂性凝聚。自然盤旋。適相遇。則擊則轟。觸木則摧。觸人則傷。亦行其性也。非擇時以震怒。擇人以罰過也。猶海潮騰湧。沉舟淹人。非地怒而行罰也。且雷也。四時中。恆於夏季。九洲內。多於南方。豈天怒於夏。不怒於冬。南方有惡人。北方無惡人乎。實因南方近赤道。天氣較熱。夏季蒸汽尤盛。以致電氣凝於空際。南方夏季較爲多見然則雷爲電氣之薄激非天之怒。又非以罰人陰過明矣惟雷之殺人雖其循性自然之行而擊適遇之人然聖經有云一髮之微非奉上主之可不脫也則雷之擊雖非上主所定懲惡之常經然時或用之以彰顯罰不可謂必無之事。按史記殷帝武乙慢神而震死。按通鑑輯覽商王武乙四祀獵畋於河渭震死。王無道爲偶人謂之天神與之博令人爲行天神不勝乃僇辱之爲革囊盛血仰而射之命曰射天獵於河渭之間暴雷震死。○偶人。土木人。博。雙陸。令人爲行。令人代之行也。至適遇之人不分善惡概行擊之上主不止之而可之有深意存焉殆欲警惕我人。示以死期。未必預兆。年富力强。不足恃也。謹備善終。不可緩也。我過既知矣。速改之。真道既聞矣。亟奉之。勿愒歲。勿翫日。毋終期忽至。恨未善備悔之不及也。

跋

自上主生人。人昧厥自。於是謬說流傳。紛岐百出。但不見諸家之說。不知諸家之失。不集諸家之說以知其說。不足以衷於說之一是。讀集說詮眞。不必爲之隱其說。且爲之廣蒐博採其說。而說之謬者自見而道之眞者亦見。所望知其謬而究其眞。返岐途而趨眞道。於以識萬有之原。獲永生之慶。不難矣。作者苦心。蓋在於此。徒多其貫穿史學。徵引賅博。是買櫝而還珠者。

戊寅孟冬二十五日頑石生鞠若望識於懷永堂

集說詮眞 / （清） 黃伯祿輯--影印本--臺北市：臺灣學生，民 78
6,796面；21公分--（中國民間信仰資料彙編第一輯；14）
ISBN 957-15-0017-8（精裝）：全套新臺幣 20,000 元

I （清） 黃伯祿輯 II 中國民間信仰資料彙編第 1 輯；14
272.08/8494 V.14

中國民間信仰資料彙編 第一輯

王秋桂 李豐楙 主編

集說詮眞（全一冊）

編輯者：清・黃伯祿
出版者：臺灣學生書局
發行人：丁文治
發行所：臺灣學生書局
臺北市和平東路一段一九八號
郵政劃撥帳號〇〇〇二四六六～八號
電話：三六三四一五六
本書局登記證字號：行政院新聞局局版臺業字第一一〇〇號
印刷所：明國印製有限公司
地址：台北市桂林路二四二巷五七號
電話：三〇八九八二〇
香港總經銷：藝文圖書公司
地址：九龍又一村達之路三十號地下後座
電話：三－八〇五八〇七
中華民國七十八年十一月景印初版
27203-14

ISBN 957-15-0017-8（套）